MASTER SUDOKU

CAROL VORDERMAN

Three Rivers Press
New York

Published in the United States by Three Rivers Press, an imprint of the
Crown Publishing Group, a division of Random House, Inc., New York.
www.crownpublishing.com

Three Rivers Press and the Tugboat design are registered trademarks
of Random House, Inc.

Originally published in Great Britain as *How to Do Sudoku* by Ebury Press,
an imprint of Ebury Publishing, Random House, London, in 2005.

Library of Congress Cataloging-in-Publication Data is available on request.

ISBN-13: 978-0-307-33980-5
ISBN-10: 0-307-33980-7

Printed in the United States of America

Typeset by Perfect Bound Ltd
Puzzles supplied by Nikoli in association with Puzzler Media

10 9 8 7 6

First American Edition

CONTENTS

INTRODUCTION 4

HOW THIS BOOK WORKS 8

THE RULES 11

EASY PUZZLE TIPS 18

AN EASY PUZZLE FROM START TO FINISH 24

EASY PUZZLES 42

MEDIUM PUZZLE TIPS 92

A MEDIUM PUZZLE FROM START TO FINISH 98

MEDIUM PUZZLES 106

DIFFICULT PUZZLE TIPS 166

A DIFFICULT PUZZLE FROM START TO FINISH 170

DIFFICULT PUZZLES 178

SUPER-DIFFICULT PUZZLE TIPS 228

A SUPER-DIFFICULT PUZZLE FROM START TO FINISH 245

SUPER-DIFFICULT PUZZLES 255

ANSWERS AND SCORING 295

INTRODUCTION

I am told that the first step for any addict is to admit it. So here goes. My name is Carol Vorderman and I am a Sudoku addict.

I'd love to say my compulsion started in some dignified, ladylike fashion, but there's no point opening with a lie. I'm afraid this all began when I did something less than maternal. I ripped a puzzle book away from my daughter.

That's what Sudoku does to you. Loved ones find their attempts at conversation are met with indifferent grunts, family members become people who interrupt your train of thought and you find yourself yearning for those blissful hours of solitude, lost in pursuit of logical perfection.

I thought I could handle it, I thought I was in control, but every morning I rip Sudoku grids out of newspapers so that I can try them later on. I've been told off for tackling Sudoku off-camera during the filming of *Countdown* (the Channel 4 quiz show) and I've even found myself rummaging in bins in the hope of finding a discarded newspaper and a coffee-stained page that will give me one more precious fix of Sudoku.

You can spot fellow addicts by that all-too-familiar, distant look, the chewed pencil lodged behind their ear and the crumbs from a well-worn eraser scattered all over their clothing.

So I warn you, if you are new to these puzzles, then consider what you are about to do. Sudoku is wonderfully challenging and utterly absorbing, but when you start on the journey, you will not be content to finish half way.

It will hook you in the same way it has captured millions of devotees to become the puzzle phenomenon of the decade.

The game is straightforward enough. It is all about filling in a 9x9 grid, broken down into 9 mini-grids, so that the numbers from 1 to 9 fill each row, column and mini-grid without repetition. It is that simple, and that infuriatingly difficult to achieve! But when you solve the grid, you feel absolutely *magnificent*.

My obsession started on holiday in the Caribbean one beautiful, sunny morning in April 2005. Katie, my daughter, was busy scribbling away in a book over her breakfast, smiling quietly to herself in satisfaction. Curious to see what she was up to, I glanced over her shoulder and saw she was trying a puzzle I hadn't seen before, carefully filling in numbers on a grid.

I looked a little closer and was also horrified to discover I had no idea how my 12-year-old was finding her answers, which was pretty galling for someone who has made a living out of being quite fast with digits.

'You can't do it? Well this is an easy one, Mum,' she said. And I'm afraid my pride got the better of me.

'Katie, can you go and tidy up the stuff outside your room? Now, please!' I barked, pointing her off in a direction that was anywhere but near the puzzle book.

As soon as she reluctantly sloped away, I seized the Sudoku book and set about unravelling the basics. So did my brother Anton and my sister Trixie who were ripping pages from the book to try the Sudokus themselves. From that moment I was lost. By the time Katie returned from her chores and tried to carry on solving her puzzle, I wouldn't let the book go. Pathetic though it was, we ended up trying to rip the book off one another in a comical tug-of-war. One firm wrench and it was mine and, since then, I have hardly gone a day without Sudoku. Don't worry, I've made it up to her many times over in other ways.

It's the reasoning of the puzzle I love. You don't even need to be good at mathematics to enjoy it. The challenge is to decipher the simple logic of the pattern. That's why I've written this book. If you often reach a point of frustration with Sudoku, I'm here to help with the most comprehensive range of tips and tricks you need to become a Sudoku master. Considering the puzzle is based on logic, the way it became a public sensation was anything but.

The root of Sudoku (pronounced soo-doe-koo) lies in an 18th Century brainteaser called Latin Squares, invented by a mathematician called Leonhard Euler from Basle, Switzerland. His mind game was an early numbers teaser that went largely unnoticed until it was picked up by an American magazine in the 1970s, reinvented in a simpler guise and called 'Number Place'.

It was at this point that an employee of a Japanese puzzle magazine copied the basic concept and returned to the Far

East, convinced it would spark interest among his readers. The Japanese language does not easily lend itself to crosswords, which means that number puzzles can be hugely popular.

It was first introduced as 'suuji wa dokushin ni kagiru', which clumsily translated means 'the number that is limited only to unmarried, or single'. That mouthful was soon abbreviated to Sudoku. 'Su', as in number, and 'doku' – meaning single.

The Japanese also altered the format slightly, adding the mini grids you will become familiar with, to introduce some symmetry. The game instantly took off.

There are now numerous magazines devoted only to Sudoku in Japan and the craze has now caught hold in Korea, the United States and the United Kingdom too. Samurai Sudoku has been invented (a five-in-one Sudoku), there's even a 3D version resembling a Rubik's cube.

Now most British newspapers carry at least one Sudoku puzzle every day, and books devoted to the puzzle continually top the bestsellers charts. It's even being converted into a television show – there is no sign of the Sudoku craze coming to an end. Celebrities talk of becoming Sudoku widows; people gaze dreamily over newspapers at each other on trains and buses and National Championships are quickly being organised.

Now you've bought this book you will be hooked too! Good luck and enjoy becoming a Sudoku master.

HOW
THIS BOOK
WORKS

This book is different to other Sudoku puzzle books. In it I'm going to explain all the logic tricks and exercises I've discovered during my frenzied and recent addiction to Sudoku. In addition to plenty of explanations, I'm going to take you through a complete puzzle from beginning to end in each section.

The puzzles have been graded like this:

> EASY
> MEDIUM
> DIFFICULT
> SUPER-DIFFICULT

Different books call them different names but you can rest assured this range of puzzles will take you all the way from being a beginner to a master Sudokuist.

Some puzzles in other books need you to exercise 'trial and error'. I have decided not to include any puzzles of that kind so that all of our puzzles can be solved logically.

I'm going to show you lots of tips and techniques to use when you're doing battle with a Sudoku. Once you've become really experienced, you'll be able to swap from one technique to another while your eyes roam over the sheet in front of you.

There is no *definitive* order in which to fill in a Sudoku, so the methods I give aren't prescriptive. People can reach the same outcome by using different techniques in different orders. However, there is *only one correct answer* for each puzzle in this book.

When we work through a puzzle from start to finish, I will progress through a number of grids. Each grid will contain more and more of the numbers we've managed to complete.

I'm a strong believer in practice, so I might ask you to complete some of the numbers in the boxes; always keep a pencil handy. Don't worry, I will tell you what to write in those boxes and those numbers will then appear in the grid that follows.

I find, particularly when I'm working with difficult and super-difficult puzzles, that using a propelling pencil helps as the nib is really fine. You'll understand what I mean when you reach that point in the book.

There are 200 puzzles for you to complete – 50 easy puzzles, 60 medium, 50 difficult puzzles and 40 super-difficult.

At the bottom of each puzzle we've put an idea of the completion time you should be aiming for, and how that can be converted into a score. If you complete a puzzle in one

HOW THIS BOOK WORKS

sitting, then check your completion time against the scoring system and enter your points in the box provided. If you prefer to come back to a puzzle after a break, then jot down how much time you've used in the first sitting, and then add to it when you return.

You can transfer your scores to the answer pages at the back of the book, and there, you'll be able to watch how (hopefully) your score improves. Try adding up your total score for each section as you complete it, and for the book if you like to give yourself a full book score. Then you can compete with your neighbours, friends or even your loved ones.

Most of all, I hope that you enjoy the journey. Good luck!

Pencils and rubbers at the ready. Let's begin.

THE RULES

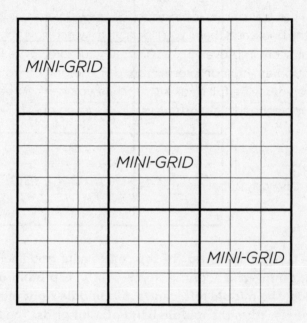

MINI-GRID

MINI-GRID

MINI-GRID

Welcome to Sudoku – a world where your brain is about to perform complex acrobatics. Above is the temple of Sudoku, the 9x9 grid of little boxes. Allow me to show you around.

You will see that the big grid is split into 9 smaller **mini-grids**, by thick black lines. Each mini-grid contains 9 **boxes**. I will be referring to mini-grids a lot, both individually and in groups of three, and I want to make sure you're clear which ones I'm talking about. Pay attention!

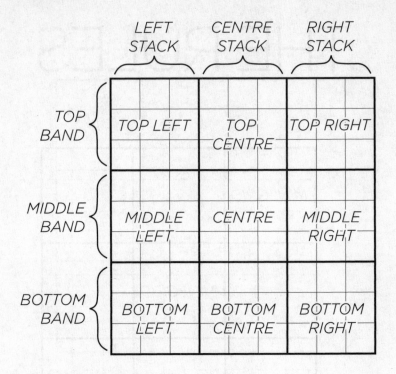

The **top left mini-grid**, the **top centre mini-grid** and the **top right mini-grid** together make up the **top band of mini-grids**. The **middle left**, **centre** and **middle right mini-grids** together form the **middle band of mini-grids**. The **bottom left**, **bottom centre** and **bottom right mini-grids** will collectively be called the **bottom band of mini-grids**.

When I refer to the three mini-grids on the left of the grid, I'll call them the **left stack of mini-grids**. The **right stack of mini-grids** are, funnily enough, the three on the right of the grid. The **centre stack of mini-grids** contains the three mini-grids running down the centre. I hope that's clear.

	Column 1	Column 2	Column 3	Column 4	Column 5	Column 6	Column 7	Column 8	Column 9
Row 1									
Row 2									
Row 3									
Row 4									
Row 5									
Row 6									
Row 7									
Row 8									
Row 9									

We have 9 Sudoku **rows** running from left to right across each grid. The top row is, where else, but on the top and the bottom row is at the very bottom. We have 9 Sudoku **columns** running up and down each big grid from the far left all the way along to the far right.

The 9 **mini-grids**, the 9 **rows** and the 9 **columns** are the important building blocks of Sudoku. They are the key areas that you will check and recheck no matter which level of puzzle you try, and no matter how brilliant you become. Those rows, columns and mini-grids will reveal their own special pieces of magic as you're sucked further and further into the world of Sudoku. Happy so far? **Mini-grids, rows** and **columns**.

13

1	2	3	4	5	6	7	8	9
4								
7								
2			5	6	7			
5			8	9	1			
8			2	3	4			
3								
6								
9								

Above is a partially completed Sudoku but it tells us all we need to know about the rules of the game. Have a look at the **top row** and you can see the numbers **1** to **9** written along the top in the way we are all taught to count, that's **1**, **2**, **3**, **4**, **5**, **6**, **7**, **8**, **9**. Beautiful, and that explains our first rule.

RULE ONE
In every ROW, you must have each of the numbers 1, 2, 3, 4, 5, 6, 7, 8 and 9.

These can be in any order – they just happen to be in count-ing order in this example, starting with **1** and counting up. However, in nearly every puzzle you will see, the numbers will be jumbled up.

The important thing to remember about rows is that because there are 9 boxes in each row and you have to put in the numbers **1** to **9**, it means that, to follow the rules, no number can ever appear more than once in each row. So in a completed row, there will only be a single **1**, a single **2**, a single **3**, a single **4**, a single **5**, a single **6**, a single **7**, a single **8** and a single **9**. If you ever find a number appearing more than once, then you know instantly that you have gone wrong. Time to get the rubber out!!

Now have a look at **column 1** on the far left of the Sudoku grid. You can see written in order from top to bottom the numbers **1**, **4**, **7**, **2**, **5**, **8**, **3**, **6** and **9**. Have another look at these numbers and you can see that they are all of the numbers from 1 to 9 which explains our next rule.

RULE TWO
In every COLUMN, you must have each of the numbers 1, 2, 3, 4, 5, 6, 7, 8 and 9.

Just as with every row, in every column these numbers can be in any order and in almost every puzzle you will see, the numbers will be jumbled up as they are in this example.

The important thing to remember about columns, just as with the rows, is that because there are 9 boxes in each column and you have to put in the numbers **1** to **9**, it means that no number can appear more than once in each column. So in a completed column, there will only be a single **1**, a single **2**, a single **3**, a single **4**, a single **5**, a single **6**, a single **7**, a single **8** and a single **9**.

THE RULES

Now look at the **centre mini-grid**. The grid has been completed and although it includes bits of 3 different rows and bits of 3 different columns, the numbers written inside it are again, the numbers from **1** to **9**. Take a bit of time to find and count through the numbers in turn. You will often check numbers in the mini-grids as you work your way through the puzzles, so get used to seeing the numbers. This is our third and final rule.

RULE THREE
In every MINI-GRID, you must have each of the numbers 1, 2, 3, 4, 5, 6, 7, 8 and 9.

Just as with every row and column, in every mini-grid these numbers can be in any order.

The important thing to remember about the mini-grids is that, because there are nine boxes in each mini-grid and you have to put in the numbers **1** to **9**, it means that no number can appear more than once. So in a completed mini-grid, there will only be a single **1**, a single **2**, a single **3**, a single **4**, a single **5**, a single **6**, a single **7**, a single **8** and a single **9**.

And that is Sudoku. Those three rules determine every Sudoku puzzle. The three rules are the rules which can make it hard BUT they are the three rules which give you the answer as well.

So, just in case you missed it the first time:

RULE ONE
In every ROW, you must have each of the numbers 1, 2, 3, 4, 5, 6, 7, 8 and 9.

RULE TWO
In every COLUMN, you must have each of the numbers 1, 2, 3, 4, 5, 6, 7, 8 and 9.

RULE THREE
In every MINI-GRID, you must have each of the numbers 1, 2, 3, 4, 5, 6, 7, 8 and 9.

EASY PUZZLE TIPS

Slicing and dicing

Slicing and dicing is the golden technique used in Sudoku. No puzzle can be solved without knowing how to do it. Slicing and dicing is the 'brake and accelerator' that allows you to drive around a Sudoku puzzle. Without it, you're stuck and you'll never move on. It's the name given to 'slicing' and 'dicing' through rows and down columns to see which boxes are available.

Let me show you how to slice and dice. Look at the puzzle opposite. We're going to try to place an **8** in the **top centre mini-grid**. To do that, we need to look at the top band of mini-grids and use the information we've already been given in each of the rows.

Slicing through **row 1**, we can see that an **8** hasn't been placed anywhere else in that row so that box in the top centre grid is still available to us.

Slicing through **row 2**, there is already an **8** in **column 7**. That means, as only a single **8** is allowed in each row, we can't place an **8** in **row 2** anywhere else.

1	2	3	4	⑧	7	9		
			5			8	7	1
8			6					2
2	9	8	7					3
3	1			5			9	
5					3	2	1	
7	8				4		2	
9	3	2	⑧	7	5			
		1			6	7	8	9

Slicing through **row 3,** we find there's already an **8** in **column 1** so we can't place an **8** in our top centre mini-grid in row 3. That means that the only box available for the **8** is in **row 1** as shown.

Now let's turn our attention to the **bottom centre mini-grid**. Slicing through **row 7**, we can see there's an **8** in **column 2** already, so that row is not an option for us. Slicing through **row 9**, there's an **8** already in **column 8** so we can't place our **8** in that row. The only option for an **8** in the **bottom centre mini-grid** is on **row 8** as shown.

Now we're going to see how you can slice and dice at the same time to get an answer. Remember the rules: **all of the numbers from 1 to 9 are to be placed in every row, column and mini-grid.**

19

Looking at the **centre mini-grid**, let's try to place an **8**. Slicing through **row 4**, we can see there's an **8** in **column 3** already, so that row is not an option for us. After slicing through rows, we're left with four circled possibilities. Now it's time to dice. Dicing down through **column 4,** there is an **8** in **row 8** already so that rules out two of our circles (shown with crosses in them).

Dicing down through **column 5**, there's an **8** in **row 1** of this column already, so that rules out another of our circled boxes. After slicing and dicing, the number **8** is placed in **column 6** in the only box available. Write it in now.

Now fill in the number **8** in the **middle right mini-grid** yourself using slicing and dicing. Where does it go? Good luck. See if you can fill in any more numbers using slicing and dicing in this puzzle.

1	2	3	4	*8*	7	9		
			5		*2*	8	7	1
8			6					2
2	9	8	7					3
3	1		*2*	5	*8*		9	
5		◯		3	2	1	*8*	
7	8		*1*		4		2	
9	3	2	*8*	7	5	*1*		
4	*5*	1	*3*	◯	6	7	8	9

Completing rows and columns

I've placed a few more numbers in our grid so that I can show you a great way of finding what goes in a box without slicing or dicing.

Remember the rule that states **every row, column and mini-grid must have each of the numbers from 1 to 9.**

Have a very close look at **row 9** in the puzzle above. You'll see that only one box is still empty in this row. So, take your time to search along the line to find the missing number. First of all, find the number **1**, then **2** and so on. It seems that there isn't a **2** in the row yet, so it looks like that is our missing number. To check, carry on counting up to **9** to see that no numbers are repeated. You've done it. The missing number which completes **row 9** is number **2.** Write it in.

EASY PUZZLE TIPS

Now look at **column 4** in our grid on the previous page. Again, only one box is empty. Again, count up from **1** to **9** searching to find your numbers in the column. Check to make sure that no number is repeated. It seems that the missing number is **9**. Write it in immediately.

As you fill in numbers, this technique is very useful so always keep looking for the empty boxes.

1	2	3	4	8	7	9	5	
			5		2	8	7	1
8		5	6					2
2	9	8	7					3
3	1		2	5	8		9	
5			9		3	2	1	8
7	8	◯	1	◯	4		2	5
9	3	2	8	7	5	1		
4	5	1	3	2	6	7	8	9

Completing a mini-grid

We can complete a mini-grid in just the same way as we've completed rows and columns. Just remember to slowly count up your numbers so that you can double-check you're right. Look at the **bottom band of mini-grids**. The **bottom left mini-grid** has only one blank box so count up through the numbers from **1** to **9** slowly. You'll find that the number **6** is missing, so fill it in now.

Now look at the **bottom centre mini-grid.** This also has only one blank box left to fill. Again, count up from **1** to **9**. This time it's number **9** that fills the final space.

Have a look around the puzzle now and you'll see that **row 7** now only has one blank box left to fill. So do **row 1** and **column 1**. Try to complete them. Remember to count slowly from number **1** to **9** to check your answer. All the best.

AN EASY PUZZLE FROM START TO FINISH

Time now to guide you through an easy puzzle from start to finish. This will be the most complete explanation of a puzzle given in any book. I won't leave out any step so you can follow at your own pace. The only Sudoku solving techniques I'm going to use are those you've just practised in our tips. Remember that even though this is graded as an easy puzzle, even the most experienced Sudokuists would still enjoy solving it. Here we go on our first rollercoaster. Hold on to your hats!

	Column 1	Column 2	Column 3	Column 4	Column 5	Column 6	Column 7	Column 8	Column 9
Row 1			9				7		
Row 2		4		5		9		1	
Row 3	3				1				2
Row 4		1			6			7	
Row 5			2	7		1	8		
Row 6		5			4			3	
Row 7	7				3				4
Row 8		8		2		4		6	
Row 9			6				5		

Have a look at the puzzle. It's always best to take your time and become familiar with the general pattern. Even the best Sudokuists miss an easy trick by rushing in and attacking the grid without taking in all the information. My advice is to welcome as much help as you can and, particularly if you're a newcomer, relax into it. Let's get started.

○	⊗	9			7			
	4	5		9		1		
3				1				2
	1			6			7	
		2	7		1	8		
	5			4		○	3	○
7	○	○	3		○			4
	8	○	2		4	○	6	○
		6	○			5		

Filling in the 1s

By looking at the grid you can see that no rows, columns or mini-grids can be completed immediately, so a good place to start is with the **1s**. I prefer to start with **1s**, complete as many as possible, then move onto the **2s** and so on. Some people prefer to look for other patterns and go about it in a more random way. Starting with **1s** is a habit I've found quite useful. It makes for an easier life when you progress on to more difficult puzzles (which I'm sure you will very quickly).

OK, let's start with **1s** and look at the **top band of mini-grids**. We can see that there isn't a **1** in the **top left mini-grid** so where could it be placed? It can't go in **row 2** as there is already a **1** in **column 8** on that row. Use your fingers to follow the row to see. It can't go in **row 3** as there is already a **1** in **column 5** on that row. That leaves us with two circled options in **row 1**.

Now look at the first three columns. The **1** for the mini-grid we're studying can't go in **column 2** as there is already a **1** on **row 4** in that column. That means that one of the circles isn't correct. So the **1** for the **top left mini-grid** must go in the top left box. Write it in now.

Now five of the nine **1s** have been completed within the whole grid, but we can't place all of them as we don't have enough information. The circles show the possibilities for number **1** in each mini-grid. It's a bad idea to try guessing where the number might go as the puzzles in this book can always be worked out using logic. I'm afraid that guessing only ends up in frustration and a lot of mess.

So for now we'll forget the **1s** and move on to our next batch of clues.

1	○	9		○	○	7		
○	4		5	○	9		1	
3				1				2
	1			6	○	○	7	
	2	7			1	8		
	5			4	○		3	
7	○			3		○	○	4
	8		2		4		6	
○	○	6				5	○	

Filling in the 2s and 3s

Now we're going to look at the **2s**. Some of them have already been given in the grid. By slicing and dicing (the technique we've just learned in the tips section), we're left with more than one option for number **2** in each mini-grid (shown by the circles). Therefore, unfortunately, we can't complete any more **2s** with certainty.

Ah well, time to move on to the **3s**. Looking at each mini-grid in turn, you can see that, just as with the **2s**, it isn't possible to place any more **3s** with certainty. Use your finger to follow through any slicing and dicing which is needed. Don't get despondent at this point, the **4s** might give us a little bit more luck.

1		9	◯			7	◯	
	4		5		9		1	
3			◯	1		④	◯	2
◯	1	◯		6		◯	7	
◯		2	7		1	8	◯	
	5			4			3	
7				3				4
	8		2		4		6	
④		6				5		

Filling in the 4s

Here you'll see that sometimes you won't be able to place a **4** in a particular mini-grid immediately. However, once you've worked through the whole grid, go back around for a second time and, slowly but surely, the boxes will open up their hidden secrets to you. Watch this.

Let's start with the **top band of mini-grids**. The left mini-grid already has a number **4** in it, so we can't place another one in there or we're not playing Sudoku. The **top centre mini-grid** doesn't have a **4** in it yet so let's see if we can place it. It can't have a **4** in its middle row as there is already a **4** in that row in **column 2**. It can't have a **4** in **column 5** or **6** as there are already **4s** in those columns in other mini-grids below. Therefore, the **4** must go in one of the two circles shown but we don't know which one YET.

Looking at the **top right mini-grid** on the previous page, slicing and dicing gives three circled options. Looking at the **middle band of mini-grids** – again, we're unable to place a **4** immediately but we're left with many circled options. Right now, it looks unlikely that we'll be able to fill in all of the **4s** as we'd originally hoped. But moving down to the **bottom band of mini-grids** changes our luck.

In the **bottom left mini-grid**, it isn't possible to place a **4** in **row 7** or **8** as there are already **4s** on these rows in the other mini-grids in the band. Also, it isn't possible to place the **4** in **column 2** of this mini-grid due to the **4** in **row 2** of this column already. That leaves only one box available, so the **4** goes in the bottom left corner.

Now with this information we can work back up **the left stack of mini-grids**. The **middle left mini-grid** originally had three circles where the **4** could have been entered but now we know that the **4** can't go in **column 1**, so we can nail the answer. Write it in now. The number **4** in this **middle left mini-grid** goes in its top right corner. Using this new clue, we can now use slicing and dicing to work through the **middle band of grids** completing the **4s**. Then we can do the same, working our way up through the **right stack of mini-grids** putting in the number **4** as we go. Fill in the correct circles.

Finally, we can complete the **top band of mini-grids** with certainty. Check your answers in the next grid. Congratulations – all of the number **4s** in the entire grid have been entered, so you don't have to think about them ever again. Time to move on.

1		9	4			7	(5)	( )
	4		5		9		1	
3		(5)		1		4		2
	1	4		6			7	(5)
		2	7	(5)	1	8	4	
	5			4			3	
7				3	(5)			4
(5)	8		2		4		6	
4		6				5		

Filling in the 5s

In exactly the same way as with the **4s**, filling in and completing all the **5s** for this Sudoku depends on where you start in the first place. The more puzzles you do, the more you will get used to this technique. Remember that if you manage to fill in one of the numbers, it might give you a crucial clue for the other mini-grids, so work your way around for a second time, before moving onto the next number. So looking at **5s** let's work our way across the **top band of mini-grids**.

In the **top left mini-grid**, it is easy to place the **5**. It can't go in **row 2** as there is already a **5** in that row in **column 4**. It can't go anywhere in **column 2** as there is already a **5** in **row 6** of that column. So the number **5** has to go in the only box available.

At this point, we could start to work our way across the **top band of mini-grids** or we could choose to go down through the **left stack**. If we work down, then it is simple to place the **5** in the **bottom left mini-grid**. It can't go into **columns 2** or **3** as there are already **5s** in these columns. It can't go in the very bottom row as there is already a **5** in this row in **column 7** and a **4** has already filled the bottom row of **column 1**. So the **5** is placed in the **bottom left mini-grid** as shown.

In the same way, we work our way across the **bottom band of mini-grids** to place another **5**, then up through the **centre stack**, along the **middle band** for another **5** and finally we can complete the **top right mini-grid**. Hooray, you've finished entering all the **5s**.

1		9	4			7	5	
	4		5	(7)	9		1	
3	(7)	5		1		4		2
	1	4		6			7	5
		2	7	5	1	8	4	
	5	(7)		4			3	
7			(6)	3	5			4
5	8		2		4		6	(7)
4		6			(7)	5		

Filling in the 6s and 7s

Using the same techniques as before, it's only possible to enter one new **6**, in the **bottom centre mini-grid**. However, we can complete all of the **7s** for the entire grid. What's nice is that the grid is filling up at a good pace.

1		9	4			7	5	
	4		5	7	9		1	
3	7	5		1		4	(9)	2
	1	4		6			7	5
		2	7	5	1	8	4	
	5	7		4			3	
7			6	3	5			4
5	8		2		4		6	7
4		6			7	5		

Filling in the 8s and 9s

Just when we thought we'd got going with the **7s** – bang! It's impossible to fill in any of the **8s**.

The **9s** aren't much better either, with only the **top right mini-grid** allowing us to place a **9**.

Now we've finished trying all of the numbers in turn and we've managed to fill in all the **4s, 5s** and **7s** in each mini-grid. So, it's time to start with number **1** all over again, hoping that now the options have been reduced, we'll be able to complete more boxes.

1		9	4		③	7	5	
	4		5	7	9	③	1	
3	7	5		1	⑥	4	9	2
	1	4	③	6			7	5
	③	2	7	5	1	8	4	
	5	7		4			3	
7			6	3	5			4
5	8	③	2		4		6	7
4		6	①		7	5		③

Going through numbers 1, 2, 3 and 6 again

It seems the numbers **1** and **2** don't want to give up their secrets just yet. That's why, using the same principles of slicing and dicing with rows and columns, we're only able to fill in a solitary **1** in the **bottom centre mini-grid**.

However, when we look at the **3s**, they allow us to tell a different story. First we work our way down the **left stack of mini-grids**. It's now straightforward to place a **3** in the **middle grid**. It can't go in **column 1**, due to the **3** in the **top left mini-grid**. It can't go in **column 3** of the mini-grid as that is now full of numbers, so the **3** goes in the only box left in **column 2**. Bingo.

From there, we can place a **3** in the **bottom left mini-grid**, then another in the **bottom right mini-grid**. Working up the **right stack of mini-grids**, we can place the number **3** in the **top right mini-grid**, the **top centre** and finally in the **centre mini-grid** itself. So, all the **3s** are now in the correct boxes.

The number **6** is proving to be a little tricky. In spite of the Sudoku being pretty full, we're only able to place one more number **6**, in the **top centre mini-grid**. Not to worry, I think the grid is now ready to submit to your powers.

1		9	4	②	3	7	5	
②	4		5	7	9	3	1	
3	7	5	⑧	1	6	4	9	2
	1	4	3	6			7	5
	3	2	7	5	1	8	4	
	5	7	⑨	4			3	
7			6	3	5			4
5	8	3	2		4		6	7
4		6	1		7	5		3

Completing row 3 and the top centre mini-grid

This is the point at which we can start to analyse and complete whole rows, columns and mini-grids. Look at **row 3**. Every number has been completed except for one, but which one? Starting with number **1**, search along the row to count up from **1** to **9**. We have numbers **1**, **2**, **3**, **4**, **5**, **6**, **7** and **9** but no number **8**. So the missing number in **row 3** is **8**.

Now look at **column 4**. Again, every number has been completed except for one. Counting up from number **1** again, we find that number **9** fills the gap. We're on a roll now. Looking at the **top centre mini-grid**, only one box remains empty. Counting up, it's easy to see that the number **2** fits in. Using our newly placed **2**, we can now fill in another **2** in the **top left mini-grid**. And that brings us to the end of that stretch of number filling. Time to try something else.

Completing column 3 and the top band

Looking at **column 3**, there are now just two numbers left to fill. Counting up, we can see that the missing numbers are **1** and **8**, but where do they go? Well, a **1** already exists in the **top left mini-grid** so we can't place another **1** in **column 3** in that grid. Therefore, number **8** must go in **column 3** in the **top left mini-grid.** Now only a single space is free in this mini-grid, and by counting, number **6** fits perfectly. Fill it in.

Returning to **column 3**, one space remains and that is waiting for number **1**. It's easy now to complete **rows 1** and **2**. With only one space remaining on each, we can see how, by counting up, **6** and **8** fill the gaps. Write them in please. We've completed the **top band of mini-grids** and although the puzzle might look a little top-heavy, it's quite normal for a Sudoku to look this way. We're nearly there.

1	6	9	4	2	3	7	5	8
2	4	8	5	7	9	3	1	6
3	7	5	8	1	6	4	9	2
	1	4	3	6			7	5
◯	3	2	7	5	1	8	4	◯
	5	7	9	4		◯	3	◯
7		1	6	3	5			4
5	8	3	2	◯	4	◯	6	7
4		6	1	◯	7	5		3

Filling in a few more numbers

At this point rows, columns and mini-grids will tumble before you – it just depends from where you want to start your cavalry charge. I'm going to show you just one of the many ways to go. Let's try again with the number **1s**. Success starts with the **bottom right mini-grid** where the **1** can only be placed in **row 8**. Staying with **1s**, look at the mini-grid above it. There is only one place which fits the rules in **column 9**.

Now we can see that only one space remains in **column 9**, and by counting up, only number **9** fits. Write it in. Go back now to **row 8** where only one space remains, and again it's waiting for number **9**. Fill in the circles as we go.

Now the **bottom centre mini-grid** is almost complete except for number **8** in the bottom row. We're still missing a lot of **6s** and **8s**, so using slicing and dicing in the **middle band**

of mini-grids, we can place a **6** in the **middle right mini-grid**. After that, it's easy to see where the **6** goes in the **middle left mini-grid**. Excellent!

1	6	9	4	2	3	7	5	8
2	4	8	5	7	9	3	1	6
3	7	5	8	1	6	4	9	2
○	1	4	3	6		○	7	5
6	3	2	7	5	1	8	4	9
	5	7	9	4		6	3	1
7	○	1	6	3	5	○		4
5	8	3	2	9	4	1	6	7
4	○	6	1	8	7	5		3

Finishing off

Write the numbers in as we finish off the grid. Number **2** finishes off the **middle right mini-grid**. Now we can polish off **column 7** as there is only one number missing, which is **9**, and because of that we can also place a **9** on the bottom row of the **bottom left mini-grid** by slicing and dicing. That leaves just one number to be placed in that grid, which is the number **2**. Going back to our **middle band of mini-grids,** we can place a **9** on the far left using slicing and dicing through the rows and columns available. It's amazing how quickly Sudoku solutions gather pace, so I'm going to be a bit mean now and let you finish the final few numbers. All of them can be finished off by completing a row, column or mini-grid with one final space remaining.

Good luck. You won't need to check an answer. Just as long as the numbers only appear once in each row, column and mini-grid you know you're the victor. Well done!

Now it's time to get started on some real puzzles.

2	5	4	3	1	6	8	9	7
7	6	3	9	8	5	1	2	4
1	9	8	4	2	7	6	5	3
9	8	1	7	5	3	2	4	6
6	3	2	8	4	9	7	1	5
5	4	7	2	6	1	9	3	8
4	7	5	6	9	2	3	8	1
3	1	9	5	7	8	4	6	2
8	2	6	1	3	4	5	7	9

Time: [   ]   Score: [   ]

Scoring: Less than 10 minutes = 15 points;
10–20 minutes = 10 points; over 20 minutes = 5 points

7	4	6	2	9	1	5	8	3
8	5	2	7	6	3	1	4	9
9	1	3	8	5	4	2	6	7
1	9	4	3	1	7	6	5	2
6	2	8	9	4	5	3	7	1
5	3	7	6	8	2	8	9	4
2	7	5	4	3	8	9	1	6
3	6	1	5	7	9	4	2	8
4	8	9	1	2	6	7	3	5

Time: Score:

Scoring: Less than 10 minutes = 15 points;
10–20 minutes = 10 points; over 20 minutes = 5 points

6	1	2	3	9	4	8	5	7
7	9	5	8	6	1	3	2	4
3	8	4	5	2	7	6	9	1
9	7	3	6	8	5	4	1	2
1	5	8	2	4	3	9	7	6
4	2	6	7	1	9	5	3	8
5	3	1	4	7	6	2	8	9
2	6	7	9	3	8	1	4	5
8	4	9	1	5	2	7	6	3

Time: Score:

Scoring: Less than 10 minutes = 15 points;
10–20 minutes = 10 points; over 20 minutes = 5 points

3	9	2	5	1	6	4	8	7
1	7	5	8	3	4	2	9	6
8	4	6	2	9	7	3	5	1
9	1	8	4	7	3	6	2	5
7	6	3	1	2	5	8	4	9
2	5	4	9	6	8	7	1	3
5	3	1	6	8	2	9	7	4
4	2	7	3	5	9	1	6	8
6	8	9	7	4	1	5	3	2

Time: _____   **Score:** _____

Scoring: Less than 10 minutes = 15 points;
10–20 minutes = 10 points; over 20 minutes = 5 points

1	8	5	2	9	4	7	3	6
9	7	3	6	8	5	2	4	1
6	4	2	1	3	7	9	8	5
2	3	4	8	6	1	5	7	9
7	6	1	9	5	3	4	2	8
8	5	9	7	4	2	6	1	3
3	1	7	5	2	9	8	6	4
5	2	6	4	1	8	3	9	7
4	9	8	3	7	6	1	5	2

Time: [   ]   Score: [   ]

Scoring: Less than 10 minutes = 15 points;
10–20 minutes = 10 points; over 20 minutes = 5 points

7	8	3	2	6	9	5	4	1
6	5	2	1	4	8	7	3	9
4	9	1	3	5	7	6	8	2
1	7	5	6	8	3	2	9	4
3	2	8	7	9	4	1	5	6
9	4	6	5	2	1	8	7	3
2	3	9	8	7	6	4	1	5
8	6	4	9	1	5	3	2	7
5	1	7	4	3	2	9	6	8

Time: Score:

Scoring: Less than 10 minutes = 15 points;
10–20 minutes = 10 points; over 20 minutes = 5 points

4	7	6	5	1	8	9	3	2
1	5	8	2	9	3	4	6	7
2	9	3	4	6	7	5	8	1
3	4	7	1	5	9	6	2	8
9	8	5	3	2	6	1	7	4
6	1	2	7	8	4	3	9	5
5	3	9	8	7	1	2	4	6
7	2	4	6	3	5	8	1	9
8	6	1	9	4	2	7	5	3

Time: _____ Score: _____

Scoring: Less than 10 minutes = 15 points;
10–20 minutes = 10 points; over 20 minutes = 5 points

1	8	6	5	9	4	7	2	3
4	5	3	2	7	8	6	1	9
9	7	2	1	6	3	5	8	4
7	3	8	9	1	6	4	5	2
5	4	9	7	8	2	1	3	6
2	6	1	3	4	5	8	9	7
3	1	7	6	5	9	2	4	8
6	2	4	8	3	1	9	7	5
8	9	5	4	2	7	3	6	1

Time: _____   Score: _____

Scoring: Less than 10 minutes = 15 points;
10–20 minutes = 10 points; over 20 minutes = 5 points

5	2	1	6	3	8	7	9	4
9	6	8	4	7	1	3	5	2
7	4	3	2	5	9	8	6	1
2	3	9	5	8	7	1	4	6
8	5	4	9	1	6	2	3	7
6	1	7	3	2	4	5	8	9
3	9	5	8	4	2	6	1	5
4	8	2	1	6	5	9	7	3
1	7	6	7	9	3	4	2	8

Time: [   ]   Score: [   ]

Scoring: Less than 10 minutes = 15 points;
10–20 minutes = 10 points; over 20 minutes = 5 points

5	2	9	6	3	7	8	4	1
7	6	1	8	9	4	3	5	2
3	8	4	1	2	5	9	7	6
9	3	8	4	5	6	1	2	7
4	1	5	2	7	3	6	8	9
6	7	2	9	1	8	4	3	5
1	5	7	3	8	9	2	6	4
8	9	6	7	4	2	5	1	3
2	4	3	5	6	1	7	9	8

Time: **Score:**

Scoring: Less than 10 minutes = 15 points;
10–20 minutes = 10 points; over 20 minutes = 5 points

	2			8			7	
1			4			3	8	6
			7	3	1		4	2
4		3		5	8			
2			3	1	7			4
		7	2			9		3
5	4		1	9	3			
9	6	1			4	2		5
	3			5			9	

Time: [ ]   Score: [ ]

Scoring: Less than 10 minutes = 15 points;
10–20 minutes = 10 points; over 20 minutes = 5 points

	1			5	6		2	9
2		5				6		
		3	4			1	5	8
5				9				1
3	2		8	4	1		9	6
6				2				4
8	5	9			7		3	
		6	2				1	5
1	4		5	3		8		

Time: [ ]   Score: [ ]

Scoring: Less than 10 minutes = 15 points;
10–20 minutes = 10 points; over 20 minutes = 5 points

	7			1		2		4
9					2		8	3
	4	2	7	8	3		6	1
			3				1	
7		1	5	2	8	4		6
	8				4			
8	6		2	3	1	5	4	
4	9		6			1		8
		5			9			7

Time: Score:

Scoring: Less than 10 minutes = 15 points;
10–20 minutes = 10 points; over 20 minutes = 5 points

2	3	1	8	9	7	6	5	4
9	6	8	5	1	4	2	7	3
4	7	5	3	2	6	8	1	9
7	4	9	6	8	2	5	3	1
3	5	6	7	4	1	9	2	8
1	8	2	9	3	5	7	4	6
5	2	3	1	6	9	4	8	7
8	9	4	2	7	3	1	6	5
6	1	7	4	5	8	3	9	2

Time: Score:

Scoring: Less than 10 minutes = 15 points;
10–20 minutes = 10 points; over 20 minutes = 5 points

3		4			1	5	
		5			2	3		8
2	8		5		3	4	6	
5	9	6				7	2	
			7	6				
	7	1		2		6	8	5
	6	3	1		8	2	4	
4		2		7				1
	1	8			9	5		

Time: [   ]   Score: [   ]

Scoring: Less than 10 minutes = 15 points;
10–20 minutes = 10 points; over 20 minutes = 5 points

8		6	4		1			3
	7			9		8		
	5	2		8	7			4
2			3	5		6	7	
	3	5		7		1	4	
	8	9		6	4			5
1			2	3		5	8	
9		8		4			3	
	2			1			9	

Time: _____   **Score:** _____

Scoring: Less than 10 minutes = 15 points;
10–20 minutes = 10 points; over 20 minutes = 5 points

57

9			2		3			1
	4			1		3		5
1	3	6	5		7	9		
	9		8				1	6
6		7	1	9	2	5		4
4				7	6		8	
		9	6		1	8	4	7
		1		8			5	2
8	6		7					

Time: _____   Score: _____

Scoring: Less than 10 minutes = 15 points;
10–20 minutes = 10 points; over 20 minutes = 5 points

		2		1	3	4		
9				8				2
	8	3	2			1	9	5
		6		5			3	9
4	7	5		6		2	1	8
8	3			2		6		
5	4	7			2	8	6	
	9				6			7
			5	4				

Time: _____   **Score:** _____

Scoring: Less than 10 minutes = 15 points;
10–20 minutes = 10 points; over 20 minutes = 5 points

2		6			7		8	
			3	6		1		2
	1	7			4	5		3
4				2	3		5	
6		3				2		7
	8		4	7				6
9		1	7			4	3	
7		8			9			
	6		8	4		7		9

Time: _____   Score: _____

Scoring: Less than 10 minutes = 15 points;
10–20 minutes = 10 points; over 20 minutes = 5 points

		5			8			6
	8			1	4	2		
9	3		6				1	5
		1		8	5	3		2
8		6						4
3	9	2	7	4		5		
2	6						9	
		3	2	7			5	
	7		8		1	4		3

Time: [   ]   Score: [   ]

Scoring: Less than 10 minutes = 15 points;
10–20 minutes = 10 points; over 20 minutes = 5 points

	5			7			3	
7			9		4	8		6
	1	6	5	3				9
	4	5		8	1	9	7	
	6						1	
	9	7	3	2		4	6	
3				4	9	6		
5		4	8		3			1
	8			5			4	7

Time: _____   Score: _____

Scoring: Less than 10 minutes = 15 points;
10–20 minutes = 10 points; over 20 minutes = 5 points

3					5		6	
		5	1			3		
9	8			3		1	2	5
1	6			5	7	8	4	
	3		4		9		1	
	4	8	3	1			5	7
7	5	4		2			8	
	9						7	
	1		5		8	4		9

Time: [   ]   Score: [   ]

Scoring: Less than 10 minutes = 15 points;
10–20 minutes = 10 points; over 20 minutes = 5 points

		1	8	4		2	
2					3			4
5	8	4	9			1		
1	5			2	7		8	
7	2			3			5	1
	9		8	5			6	2
		9			5	3	7	8
3			1			6		5
8	4		3	7				

Time: _____   Score: _____

Scoring: Less than 10 minutes = 15 points;
10–20 minutes = 10 points; over 20 minutes = 5 points

2		1			3	4		9
	7		1		8	2		
	8	4	2	9	6		1	
	5				4			1
4		7		8		9		
3				7			5	
	3		4	1	2	7	9	
		6	5		9		2	
1		2	8			5		3

Time: Score:

Scoring: Less than 10 minutes = 15 points;
10–20 minutes = 10 points; over 20 minutes = 5 points

		3	8	1			5	
4				9			6	
7	1	8		6		3		9
		7		4	2			
	5	9	1		8	7	2	
3			9	5		1		6
5		6		2		4	9	
	9			8				3
	3		5		9	6		

Time: [ ]   Score: [ ]

Scoring: Less than 10 minutes = 15 points;
10–20 minutes = 10 points; over 20 minutes = 5 points

8		5			3	4		
6	7		8	9				3
		4	2	6		1	8	
9			7	8			4	
7	4		5		1		9	8
	8			2	9			
	3	8		5	2	9		
4				1	8		2	6
2		9	3			8		5

Time: [ ]   Score: [ ]

Scoring: Less than 10 minutes = 15 points;
10–20 minutes = 10 points; over 20 minutes = 5 points

4			8		6		9	
	2	9		4		8		7
		6			9	5		4
8		4		6	2			
3	6		7		4		2	8
			9	8		3		6
6		3	4			7		
5		8		3		6	1	
	7			1	8			3

Time: [   ]   Score: [   ]

Scoring: Less than 10 minutes = 15 points;
10–20 minutes = 10 points; over 20 minutes = 5 points

4		2	7		1			6
		7	9			2	5	8
	6			2	8	7	1	
		8	5					3
5	7			3	4		2	9
2					7	1		
	4	9	2	6			3	
8	5	6			3	9		
			4	8		5		1

Time: [   ]   Score: [   ]

Scoring: Less than 10 minutes = 15 points;
10–20 minutes = 10 points; over 20 minutes = 5 points

	4			6			8	
	8		4		5	1		6
6		1	8				4	2
8		4		2		9		1
	3		9		6		5	
2		6		1		8		3
9	2				8	7		5
7		5	1		9		2	
	1			5				9

Time: Score:

Scoring: Less than 10 minutes = 15 points;
10–20 minutes = 10 points; over 20 minutes = 5 points

2	8				5	7		
		5	9					1
9				6	8	5	2	
		3			9		1	6
	9						4	
1	4		6			9		
	5	1	3	8				4
	2				4	6		
4		6	7				5	8

Time: _____   Score: _____

Scoring: Less than 10 minutes = 15 points;
10–20 minutes = 10 points; over 20 minutes = 5 points

			6	3		9		
3	5	2	9	4				
6	8		2	7		4	1	
8			1	9	6		2	4
1	4	5	7		3	6	8	9
2	9		5	8	4			1
	6	8		1	2		7	5
				5	9	1	4	6
		4		6	7			

Time: [   ]   Score: [   ]

Scoring: Less than 8 minutes = 15 points;
8–15 minutes = 10 points; over 15 minutes = 5 points

	9					6	4	1
			9	7	4		5	8
3		4			5	2	7	9
6	4	9	3		7			5
7		5	1		8	4		2
2			4		6	7	9	3
8	5	2	7			9		4
4	6		8	3	9			
9	7	3					1	

Time: _____   Score: _____

Scoring: Less than 8 minutes = 15 points;
8–15 minutes = 10 points; over 15 minutes = 5 points

			6	1	7	5	9	
5	7		2	4	9	6	8	3
	9				8		1	
7	1		9		4	3	5	
		5	8		1	4		
	4	9	3		5		6	8
	8		1				4	
6	5	4	7	9	2		3	1
	3	7	4	8	6			

Time: Score:

Scoring: Less than 8 minutes = 15 points;
8–15 minutes = 10 points; over 15 minutes = 5 points

3		8	5	7	2	4		1
2	6		4	3				5
1	5	4	9		8	2		7
			1	8				
8	4	1				6	7	2
				4	7			
9		6	8		5	1	4	3
5				9	4		2	8
4		2	7	1	3	5		6

Time: _____   **Score:** _____

Scoring: Less than 8 minutes = 15 points;
8–15 minutes = 10 points; over 15 minutes = 5 points

EASY PUZZLES
35

	1		2	9	7			8
	2		3	5		1	9	
5		3				7		6
		6	1		5	2	7	3
2	7	5	6		3	8	1	9
8	3	1	7		9	6		
3		9				5		2
	5	2		6	8		3	
4			5	3	2		6	

Time: _____   Score: _____

Scoring: Less than 8 minutes = 15 points;
8–15 minutes = 10 points; over 15 minutes = 5 points

76

		9	1	8	6		5	
5				7	3	8		
8	6		9	5		1	3	
	7	2	6	3	5	9	1	
6			7		9			3
	9	5	8	1	2	4	7	
	2	6		9	8		4	7
		3	4	6				5
	5		3	2	7	6		

Time: _____   Score: _____

Scoring: Less than 8 minutes = 15 points;
8–15 minutes = 10 points; over 15 minutes = 5 points

						7	1	
		8	3	2	7	6	4	9
9		6	4			2		8
8	2	5	1	4		9	7	
1	6		7		2		5	4
	4	9		8	5	1	2	3
3		1			6	4		2
6	8	7	2	3	4	5		
	9	4						

Time: _____   Score: _____

Scoring: Less than 8 minutes = 15 points;
8–15 minutes = 10 points; over 15 minutes = 5 points

7		1	5	4			2	
	6	4		2	3		1	
2	5	3			9			6
	3	2		9		8	5	4
5		8	4		2	9		3
4	9	6		5		1	7	
3			9			7	4	8
	4		7	8		2	3	
	1			3	4	6		5

Time: _____   Score: _____

Scoring: Less than 8 minutes = 15 points;
8–15 minutes = 10 points; over 15 minutes = 5 points

								4
	5		4	2		1	6
4	7	1		5	8	3	2	
	3	9		7	4	6	8	5
7	5	2	8		6	4	9	3
8	6	4	5	3		2	7	
	9	8	4	6		5	3	7
5	4		9	8		1		
6								

Time: [   ]   Score: [   ]

Scoring: Less than 8 minutes = 15 points;
8–15 minutes = 10 points; over 15 minutes = 5 points

2	7	1	5	9	4	6	8	3
5	6	4	3	2	8	7	1	9
8	9	3	7	6	1	4	5	2
4	2	6	9	8	7	5	3	1
9	1	5	2	3	6	8	4	7
7	3	8	4	1	5	9	2	6
3	4	2	8	7	9	1	6	5
1	8	7	6	5	2	3	9	4
6	5	9	1	4	3	2	7	8

Time:

Score:

Scoring: Less than 8 minutes = 15 points;
8–15 minutes = 10 points; over 15 minutes = 5 points

			9					
	3	7	8	1	5	2	6
8	6	5		2			7	1
2	1		6	3	5	7	4	9
	5		2		9		1	
4	9	6	1	7	8		5	3
6	8			1		4	3	2
7	3	1	4	6	2	8		
					3			

Time: [   ]   Score: [   ]

Scoring: Less than 8 minutes = 15 points;
8–15 minutes = 10 points; over 15 minutes = 5 points

1		4	3			9		5
5	8				9	6		7
6	9	2	1		5		8	
7		9		2	3	4		1
	3	6				2	5	
2		1	9	5		8		3
	6		5		2	1	4	8
3		5	4				9	6
4		8			7	5		2

Time: _____   Score: _____

Scoring: Less than 8 minutes = 15 points;
8–15 minutes = 10 points; over 15 minutes = 5 points

83

	1			6	7	5	9	8
2		7	5	8	3	4	1	
8	6				1		2	
	3	2	8	7	6			
		9	4		5	2		
			1	2	9	6	3	
	5		6				4	2
	2	6	3	1	4	8		5
3	8	4	7	5			6	

Time: [ ]   Score: [ ]

Scoring: Less than 8 minutes = 15 points;
8–15 minutes = 10 points; over 15 minutes = 5 points

					1	2	4	5
5	9	1		4	3		8	7
	4	7				9	3	1
9		2				8	6	4
3		8	4		6	5		2
4	5	6				3		9
6	2	5				4	9	
7	8		5	3		1	2	6
1	3	9	6					

Time: _____   Score: _____

Scoring: Less than 8 minutes = 15 points;
8–15 minutes = 10 points; over 15 minutes = 5 points

	1				9		4	6
6		5		4		9	8	2
9	4	8		2			5	3
1				6	7	5		
4	2	6	9		5	8	7	1
		7	1	8				9
8	5			9		4	2	7
2	9	3		7		6		5
7	6		5				9	

Time: [   ]   Score: [   ]

Scoring: Less than 8 minutes = 15 points;
8–15 minutes = 10 points; over 15 minutes = 5 points

					5	2	3	6
6			9	2	8	5		7
	1	2	3	6	7	4		8
4	6	9	8			3		
	2		7		6		4	
		5			3	1	6	9
3		6	5	8	9	7	2	
7		8	1	3	2			4
2	5	1	6					

Time: _____   Score: _____

Scoring: Less than 8 minutes = 15 points;
8–15 minutes = 10 points; over 15 minutes = 5 points

9	1	5	7	2	4		8	
4				6	3		7	
2	6	7			4	1		
6	7		4	5			2	
	4	9	2		7	5	3	
	1			3	8		9	4
		6	7			3	8	9
	8		3	2				7
7		4	8	9	6	2	1	

Time: [   ]   Score: [   ]

Scoring: Less than 8 minutes = 15 points;
8–15 minutes = 10 points; over 15 minutes = 5 points

1		9		5			6	2
	5	4	1	6	2	7	9	
8	2	6		9		3	5	
4				8				
6		5	2	1	3	8		4
				7				5
	6	1		3		2	4	7
	4	3	7	2	9	1	8	
7	8			4		5		9

Time: [   ]   Score: [   ]

Scoring: Less than 8 minutes = 15 points;
8–15 minutes = 10 points; over 15 minutes = 5 points

4	1	6		5	2		8	3
8	2	5	3					
			8		4	2	5	1
9		8		4	5			7
	4		7		8		6	
5			1	9		4		8
6	3	4	5		7			
					9	3	1	4
1	8		4	2		6	7	5

Time: Score:

Scoring: Less than 8 minutes = 15 points;
8–15 minutes = 10 points; over 15 minutes = 5 points

		1					9	3
2	5				8	1	6	4
3		9		1	7			5
7	3	8		2		5	4	6
	1	5				9	3	
9	2	6		5		8	7	1
5			3	7		6		8
1	7	4	8				5	9
6	8					4		

Time: _____   Score: _____

Scoring: Less than 8 minutes = 15 points;
8–15 minutes = 10 points; over 15 minutes = 5 points

MEDIUM PUZZLE TIPS

I hope you managed to get through a lot of the easy puzzles and that Sudoku has enraptured you. A lot of people think that as you become more able to complete difficult Sudokus, you might never complete an easy puzzle again. I'm afraid the opposite happens, you just want to do them all. For instance, I love to do easy puzzles to gain speed, or just as short breaks in a day when a difficult puzzle would take far too long. The bug is the bug at whatever level.

Back to the puzzles themselves. I'm sure that by now you've found that at a certain point in every puzzle, you can start to fill empty boxes in a frenzy. Now we move on to our Medium puzzles and to complete these I'm going to show a few more techniques that you might need.

For example, as you become used to slicing and dicing and completing rows, columns and mini-grids, you can start to combine the techniques. Let me show you how.

1	2	3	4	8	7	9	5	6
			5		2	8	7	1
8		5	6					2
2	9	8	7					3
3	1		2	5	8		9	○
5			9		3	2	1	8
7	8	6	1		4	○	2	5
9	3	2	8		5	1	6	○
	5	1			6	7	8	9

Combining mini-grids with rows and columns

Look at the Sudoku above. In **column 9** you can see that there are two empty boxes. There are also two empty boxes in the **bottom right mini-grid**, so let's use both pieces of information to find out what fits where.

Look at **column 9**. By counting through from 1 to 9, you'll find that the missing numbers are **4** and **7**. Now look at the **bottom right mini-grid**. By counting through from 1 to 9, you'll find that the missing numbers are **3** and **4**. The only number that fits in both **column 9** and the **bottom right mini-grid**, therefore, is number **4**, so pop it in.

Then you can easily find the remaining numbers in both the column and the mini-grid by counting through from **1** to **9**.

The only one that fits

The only one that fits is how I refer to rows or columns where there is only one possibility for a number and this set of Sudoku circumstances crops up time and time again at all levels.

In this grid I'm trying to place the number **4** in the **bottom band of mini-grids**. By slicing and dicing I've come up with the boxes which remain as options (they are circled). Check it through yourself. Now it looks as though I won't be able to place a **4** as there are two options in each mini-grid. However, if you look more closely across **rows 7**, **8** and **9** you can see that in **row 8** there is only one box which can hold the number **4**. In other words, *it's the only one that fits*. So, even though there appears to be options for that mini-grid, analysing the row has given us our answer. Write the **4** in now in the correct place in **row 8**.

1	2	3	4	8	7	9	5	6
◯			5			8	7	1
8		5	6					2
2	9	8	7				4	3
3	1	◯	2	5	8	◯	9	7
5			9		3	2	1	8
7	8		1		4		2	5
9	3	2	8		5	1		4
◯		1			6	7	8	9

Completing a row or column when two numbers are missing

Look at the Sudoku above. I'm going to show you how to complete rows or columns when two numbers are missing.

Let's look at **column 1** to start with. There are two empty boxes in **row 2** and **row 9**. We can't complete these boxes using slicing and dicing, so we need to find a different technique.

By counting through the numbers from **1** to **9**, we know that **numbers 4 and 6** are missing from **column 1**. Looking along **row 9**, we can see there's already a **6** in **column 6** of the row. That means that we can't also place a **6** in **column 1** of the same row. So, by a process of elimination we know that the missing number **4** must go in **row 9** of **column 1**.

Once we've solved that, we know that the missing number **6** completes **column 1** in the **row 2** position.

Staying with this grid, have a look at **row 5** where two numbers are missing. By counting through from **1** to **9**, we find that those missing numbers are **4** and **6**. This time we can't use the same technique as I've just described above. However, we have been given some different information in the **middle right mini-grid**. We can see there's already a **4** in this mini-grid, so we can't place another one on **row 5**. That means that the missing number **6** in **row 5** is placed in the **column 7** position. Then the missing number **4** can be slotted into the **column 3** position on the same row.

Easy when you know how, isn't it? The trick is to constantly keep a look out for these possibilities. Remember that every time you complete a number, the clues change and all sorts of new possibilities occur.

Slicing and slotting

I'm going to show you a clever little technique which I've christened **slicing and slotting**. Slicing and slotting can often be used in very particular situations on a Sudoku, so it's a good technique to learn and look out for at any level.

Have a look at the partially completed grid opposite. Let's consider the **left stack of mini-grids** and try to fix where the **1s** might fit. Using slicing and dicing I've managed to circle the possibilities for the two mini-grids we need to resolve. At this stage it looks like we won't be able to put in a **1** with certainty and so we should move on to a different part of

	8		4	6	5			
4		1				6	8	
	6			1			4	
7	◯		2		4			8
8	◯	3		5	9	7		6
9	◯		6		8			4
6	7			9		8	3	◯
◯	◯	8				2		5
			3	8	1		6	

the grid. However, let's look at the **middle left mini-grid** in more detail. The circled options for the number **1** are all down **column 2**. Therefore, the logic says that if the number **1** in that mini-grid **has** to be placed in **column 2**, then the **1** in the **bottom left mini-grid cannot** be placed in **column 2** as well (you can't have more than one of each number in a column). The number **1** in the **bottom left mini-grid** must, therefore, go in **column 1** which is now our only option. Fill it in yourself. Now that has been filled in, you can also complete the number **1** in the **bottom right mini-grid** yourself. So with slicing and slotting we've managed to fill in many more numbers. Well done.

A MEDIUM PUZZLE FROM START TO FINISH

Time now for us to work our way through a medium puzzle from start to finish. Just as before, I won't leave any step out so you can follow at your own pace, and the only Sudoku solving techniques I'm going to use are those you've practised in our tips so far.

I'm going to assume that you are now familiar with slicing and dicing, slicing and slotting and with completing a row, column or mini-grid if there is only one number remaining. Enjoy.

	Column 1	Column 2	Column 3	Column 4	Column 5	Column 6	Column 7	Column 8	Column 9
Row 1	5				6				7
Row 2		1		2		8		5	
Row 3			2				1		
Row 4		3		5		4		1	
Row 5	6				1				9
Row 6		4		6		9		7	
Row 7			9				4		
Row 8		5		7		6		2	
Row 9	2				5				6

Have a look at the puzzle to become familiar with the general pattern.

5	⑨			6		②		7
	1	⑥	2	⑦	8	⑨	5	
	⑦	2	⑨		⑤	1	⑥	
⑨	3	⑦	5		4	⑥	1	
6	②			1	⑦		④	9
	4		6		9		7	
⑦	⑥	9				4		⑤
	5		7	⑨	6		2	
2				5		⑦	⑨	6

Completing as many numbers from 1 to 9 as possible using slicing and dicing

Using just slicing and dicing, I have gone through the puzzle from the number **1** to number **9** in order and have managed to complete quite a few boxes. Notice that all of the **6s**, **7s** and **9s** have been filled in so we don't have to worry about those numbers again.

5	9	④		6		2	⑧	7
1	6	2	7	8	9	5	④
⑧	7	2	9	④	5	1	6	
9	3	7	5		4	6	1	
6	2			1	7		4	9
①	4		6		9		7	
7	6	9				4		5
④	5		7	9	6	⑧	2	①
2	⑧	①	④	5		7	9	6

Slicing and dicing from number 1 to 9 ... again

It's a good idea to slice and dice through your numbers for a second time, as this might allow you to complete some boxes using an easy method before you progress on to more complicated work. So by slicing and dicing again, we manage to complete **column 2** and fill in all of the **4s** around the whole grid – as well as a fair few other numbers. Remember that at every level of puzzle, each time you manage to enter a number the secrets of the Sudoku have changed slightly, so you can try slicing and dicing your way from **1** to **9** again.

5	9	4		6		2	8	7
③	1	6	2	7	8	9	5	4
8	7	2	9	4	5	1	6	◯
9	3	7	5		4	6	1	
6	2			1	7		4	9
1	4		6		9		7	
7	6	9				4	◯	5
4	5	◯	7	9	6	8	2	1
2	8	1	4	5	◯	7	9	6

Completing lots of columns and rows

At this stage it's easy for us to complete all of the columns and rows which have only one number missing. Look at the grid to see how we can complete **row 2** when, coincidentally, **column 1** also becomes complete. Working our way around the grid I want you to fill in the numbers for **row 3**, **row 8** and **row 9** as well as **column 8.** Notice that while you're concentrating on rows and columns, four mini-grids have also been completed.

5	9	4	◯	6		2	8	7
3	1	6	2	7	8	9	5	4
8	7	2	9	4	5	1	6	3
9	3	7	5		4	6	1	
6	2			1	7	◯	4	9
1	4		6	◯	9		7	
7	6	9				4	3	5
4	5	3	7	9	6	8	2	1
2	8	1	4	5	3	7	9	6

Completing the 3s

Using simple slicing and dicing and starting with the centre stack of mini-grids, I want you to fill in all the missing **3s** for the grid. Not too difficult was it?

5	9	4	3	6	①	2	8	7
3	1	6	2	7	8	9	5	4
8	7	2	9	4	5	1	6	3
9	3	7	5		4	6	1	
6	2			1	7	3	4	9
1	4		6	3	9	○	7	
7	6	9			○	4	3	5
4	5	3	7	9	6	8	2	1
2	8	1	4	5	3	7	9	6

Completing more columns

Now you can complete the **top centre mini-grid** with the missing number and you'll see how **column 6** then gives up its secrets to you. I want you to fill in the numbers now for **column 6** and **column 7**. Nearly there! Notice how every row, column and mini-grid left to complete has two numbers missing. Time to try a different method again.

5	9	4	3	6	1	2	8	7
3	1	6	2	7	8	9	5	4
8	7	2	9	4	5	1	6	3
9	3	7	5		4	6	1	
6	2	(5)		1	7	3	4	9
1	4		6	3	9	5	7	
7	6	9			2	4	3	5
4	5	3	7	9	6	8	2	1
2	8	1	4	5	3	7	9	6

Let's finish it off

Now we can move back to slicing and dicing with the number **5** in the **middle left mini-grid**. Once we've put that in, all the rows, columns and mini-grids are easy to polish off. All that's left for you to do is complete them *in the right order* (look for single gaps in rows and columns) to finish off the Sudoku. Hey champ, you're doing good!

4	5	6	3	7	9	8	1	2
9	7	2	6	1	8	4	5	3
8	1	3	2	4	5	9	6	7
2	6	4	5	9	7	3	8	1
3	8	7	4	2	1	5	9	6
5	9	1	8	3	6	2	7	4
1	4	8	7	5	2	6	3	9
7	3	5	9	6	4	1	2	8
6	2	9	1	8	3	7	4	5

Time: ⬜ Score: ⬜

Scoring: Less than 6 minutes = 15 points;
6–15 minutes = 10 points; over 15 minutes = 5 points

4 9	3	4 9	1	7	5	6	8	2
8	1	6	9	3	2	4	7	5
7	5	2	8	6	4	9	3	1
1	36 7	8	74	5	38	73	92	64
3	6	8	6	2	9	57	1	8
1	26 7	58	74	1	38	57 3	92	64
6	9	7	2	4	1	8	5	3
2	4	3	5	8	7	1	6	9
5	8	1	3	9	6	2	4	7

Time: [ ] Score: [ ]

Scoring: Less than 6 minutes = 15 points;
6–15 minutes = 10 points; over 15 minutes = 5 points

6	1	4	8	9	3	7	5	2
7	9	3	5	1	2	8	4	6
5	2	8	4	7	6	1	9	3
2	7	6	3	5	1	9	8	4
4	5	9	6	8	7	3	2	1
3	8	1	2	4	9	5	6	7
1	4	7	9	6	8	2	3	5
9	3	5	7	2	4	6	1	8
8	6	2	1	3	5	4	7	9

Time: [ ] Score: [ ]

Scoring: Less than 6 minutes = 15 points;
6–15 minutes = 10 points; over 15 minutes = 5 points

8	1	7	9	3	4	6	5	2
6	5	3	7	1	2	8	4	9
9	4	2	6	8	5	7	1	3
2	7	4	5	9	8	1	3	6
5	8	9	1	6	3	4	2	7
3	6	1	4	2	7	5	9	8
7	9	5	2	4	6	3	8	1
4	2	8	3	7	1	9	6	5
1	3	6	8	5	9	2	7	4

Time: [   ]   Score: [   ]

Scoring: Less than 6 minutes = 15 points;
6–15 minutes = 10 points; over 15 minutes = 5 points

6	2	3	5	9	8	7	1	4
7	4	8	3	6	1	2	9	5
9	5	1	7	4	2	8	6	3
8	1	7	6	5	4	9	3	2
5	3	6	1	2	9	4	8	7
4	9	2	8	7	3	6	5	1
3	7	5	4	8	6	1	2	9
2	8	4	9	1	5	3	7	6
1	6	9	2	3	7	5	4	8

Time: _____   Score: _____

Scoring: Less than 6 minutes = 15 points;
6–15 minutes = 10 points; over 15 minutes = 5 points

\

2	5	4	6	8	3	1	9	7
9	3	8	1	5	7	2	4	6
6	1	7	9	2	4	3	5	8
8	2	6	4	3	5	9	7	1
3	9	5	7	1	6	8	2	4
7	4	1	8	9	2	6	3	5
4	6	9	3	7	8	5	1	2
1	7	2	5	6	9	4	8	3
5	8	3	2	4	1	7	6	9

Time:

Score:

Scoring: Less than 6 minutes = 15 points;
6–15 minutes = 10 points; over 15 minutes = 5 points

4	9	3	6	1	2	8	5	7
6	8	7	4	5	9	2	1	3
2	1	5	3	7	8	9	4	6
8	4	2	5	3	1	7	6	9
5	3	9	7	8	6	1	2	4
1	7	6	2	9	4	5	3	8
3	5	4	9	2	7	6	8	1
9	6	8	1	4	5	3	7	2
7	2	1	8	6	3	4	9	5

Time: Score:

Scoring: Less than 6 minutes = 15 points;
6–15 minutes = 10 points; over 15 minutes = 5 points

	8		9	5			6	4
1		4	2					9
9		6		1	8	7	2	5
7			6					
	9		8		5		7	
					1			6
4	7	9	1	2		8		3
3					9	4		7
8	1			3	4		9	

Time: [ ]   Score: [ ]

Scoring: Less than 6 minutes = 15 points;
6–15 minutes = 10 points; over 15 minutes = 5 points

4	7							
	6		7				8	4
	3	8	5	4	1	9	7	6
5		3		6		7		
7		6				4		9
		1		9		5		2
6	5	4	1	3	8	2	9	
3	8				4		5	
							4	3

Time: [   ]   Score: [   ]

Scoring: Less than 6 minutes = 15 points;
6–15 minutes = 10 points; over 15 minutes = 5 points

1	6	9	2					
	2		9	3			8	1
		8			5			7
	8	2		6	1	7	3	
6	9						5	4
	7	4	5	9		8	1	
2			3			5		
8	5			2	9		7	
					8	1	6	2

Time: [   ]   Score: [   ]

Scoring: Less than 6 minutes = 15 points;
6–15 minutes = 10 points; over 15 minutes = 5 points

	6	4		2			8	
3	2	5		7				
9	8			6	3	4		2
			4	9		6		5
5			2		6			1
4		6		5	7			
1		8	7	3			2	6
				1		3	5	4
	5			4		8	1	

Time: [   ]   Score: [   ]

Scoring: Less than 6 minutes = 15 points;
6–15 minutes = 10 points; over 15 minutes = 5 points

3				9	6		2	1
	6						4	8
	5		4	1	2	3	6	
	3				9	7		2
		2	3		8	6		
6		5	2				8	
	4	7	6	2	5		3	
9	8						5	
5	2		9	8				6

Time: _____   Score: _____

Scoring: Less than 6 minutes = 15 points;
6–15 minutes = 10 points; over 15 minutes = 5 points

117

		7		6		1		
		8		7	2		4	3
5		4			8		6	
4	7		8		5		3	9
6			4		9			7
2	3		6		7		5	4
	4		9			3		1
1	9		2	8		4		
		3		4		9		

Time: _____   Score: _____

Scoring: Less than 6 minutes = 15 points;
6–15 minutes = 10 points; over 15 minutes = 5 points

	1	4			5		8	
6	9			8		2		1
3					1	6	5	
			8	4	9	1		
5	3		1		2		4	7
		1	7	5	3			
	6	2	4					8
1		3		9			2	6
	5		2			7	9	

Time: [ ]   Score: [ ]

Scoring: Less than 6 minutes = 15 points;
6–15 minutes = 10 points; over 15 minutes = 5 points

6		4	5		9			1
				4	7	2		5
	2	5				7	9	4
5					3	9	4	2
3								8
7	8	2	4					3
8	6	1				5	2	
2		3	7	1				
4			2		8	3		9

Time: [   ]   Score: [   ]

Scoring: Less than 6 minutes = 15 points;
6–15 minutes = 10 points; over 15 minutes = 5 points

9	8		1			3		
		5	3				1	
6			2	4	5			9
3	4		5	2		9	8	7
8								1
5	2	1		8	9		3	4
7			9	5	2			8
	6				7	4		
		8			4		9	3

Time: _____   Score: _____

Scoring: Less than 6 minutes = 15 points;
6–15 minutes = 10 points; over 15 minutes = 5 points

2		6	7		3			
4	3		2	1			7	5
	7		8	9	4	3		
		3		4	5			
		1	9		8	4		
			3	6		2		
		7	6	3	2		9	
3	5			7	1		6	2
			5		9	7		3

Time: _____   Score: _____

Scoring: Less than 6 minutes = 15 points;
6–15 minutes = 10 points; over 15 minutes = 5 points

		2	6		8		4	
		6				1	9	5
	5	4		1		2	6	8
			2	8				1
5	1		3		7		2	4
2				4	6			
4	2	5		7		9	3	
9	3	7				8		
	6		9		3	4		

Time:

Score:

Scoring: Less than 6 minutes = 15 points;
6–15 minutes = 10 points; over 15 minutes = 5 points

69

4		2	8	6	1		5	
9			5		7			
	8		2	4	9			3
				5				6
6	5	1	7		4	3	8	9
8				9				
3			9	1	5		7	
			4		6			5
	7		3	8	2	6		1

Time: [   ]   Score: [   ]

Scoring: Less than 6 minutes = 15 points;
6–15 minutes = 10 points; over 15 minutes = 5 points

4		9			8	1	6	
8		5		1	3	9	2	
	6	1				7		
1				7	2			8
3	2						5	9
5			9	3				7
		2				8	9	
	1	4	8	5		3		2
	8	3	2			5		1

Time: _____   Score: _____

Scoring: Less than 6 minutes = 15 points;
6–15 minutes = 10 points; over 15 minutes = 5 points

125

		4	7		1		2	
1				4				3
	9	6				7		
4			3		7			8
7		5	4		8	3		2
9			1		2			5
		8				2	4	
2				1				7
	7		5			9		

Time: _____   Score: _____

Scoring: Less than 10 minutes = 15 points;
10–25 minutes = 10 points; over 25 minutes = 5 points

		8			9			5
3	6				4		7	2
		5		8	2	4		
				2		9	1	3
		4	6		1	5		
1	7	3		9				
		7	9	5		2		
5	4		1				6	
					6			8

Time: _____   Score: _____

Scoring: Less than 10 minutes = 15 points;
10–25 minutes = 10 points; over 25 minutes = 5 points

3				9	2			1
	1		3			7		
	5				6	4		3
	6	2	7				4	
			2		3			
	7				4	8	9	
6		8	9				5	
		5			1			8
7	2		8	4			3	

Time: _____   Score: _____

Scoring: Less than 10 minutes = 15 points;
10–25 minutes = 10 points; over 25 minutes = 5 points

3	9	2	4	6	9	1	8	5
6	8	4	2	1	5	7	3	9
5	1	7	3	9	8	4	2	6
9	2	1	8	7	6	5	4	3
8	3	6	5	4	1	9	7	2
4	7	5	9	3	2	6	1	8
2	4	9	7	5	3	8	6	1
7	6	8	1	2	9	3	5	4
1	5	3	6	8	4	2	9	7

Time: [   ]   Score: [   ]

Scoring: Less than 10 minutes = 15 points;
10–25 minutes = 10 points; over 25 minutes = 5 points

9	7	8			6		2	3
						9		
	2			3		8		4
		4	2	5		6		
3			6		4			9
		7		1	8	3		
7		3		9			6	
		2						
1	5		7		2	4	3	

Time: [   ]   Score: [   ]

Scoring: Less than 10 minutes = 15 points;
10–25 minutes = 10 points; over 25 minutes = 5 points

	6			9				5
		8	6				4	
	2				5	7		3
		6	9	4				8
	3	2	1		6	9	5	
7				3	2	4		
6		5	4				8	
	1				8	6		
	4		2				7	

Time:

Score:

Scoring: Less than 10 minutes = 15 points;
10–25 minutes = 10 points; over 25 minutes = 5 points

	2	3			7			6
5						3		
		1		3	9		5	7
	1			8				5
	9	4	6		5	2	1	
7				2			9	
2	7		5	9		4		
		9		1				3
	3		4			9		

Time: _____   Score: _____

Scoring: Less than 10 minutes = 15 points;
10–25 minutes = 10 points; over 25 minutes = 5 points

			3	2				5
3							8	7
	2			6		9		3
		5	4	7		8		
7		9	5		3	6		
		3		8	2	5		
8		4		5			1	
5	3							2
9				3	1	4		

Time: _____   Score: _____

Scoring: Less than 10 minutes = 15 points;
10–25 minutes = 10 points; over 25 minutes = 5 points

1	2	4	6	5	9	3	8	7
8	5	9	7	3	1	2	6	4
3	6	7	4	2	8	5	9	1
6	4	3	9	1	7	8	2	5
9	1	2	8	4	5	6	7	3
7	8	5	2	6	3	4	1	9
2	7	1	3	8	4	9	5	6
4	9	6	5	7	2	1	3	8
5	3	8	1	9	6	7	4	2

Time: [ ]   Score: [ ]

Scoring: Less than 10 minutes = 15 points;
10–25 minutes = 10 points; over 25 minutes = 5 points

1		7	2		5		9	
	3		6		7		8	
6		9	3		4	5		7
3					6			2
5	1			2	9		4	3
7			8					5
9		1	5		8	2		
	5		4	6	1		3	
	6			7	2			8

Time: [   ]   Score: [   ]

Scoring: Less than 10 minutes = 15 points;
10–25 minutes = 10 points; over 25 minutes = 5 points

	7	8				4	6	
		5			9			
2				1	8	5		
	9		4		2		7	8
		2	3		7	9		
5	3		8		1		2	
		3	2	8				7
			9			8		
	4	9			6	2		

Time: [   ]   Score: [   ]

Scoring: Less than 10 minutes = 15 points;
10–25 minutes = 10 points; over 25 minutes = 5 points

		9	8					7
					9	2	1	
7	4	1		6			9	
3		8		4	2	5		
2								3
		4	7	1		6		2
	8			9		1	6	4
	9	3						
			5		4		3	

Time: _____   Score: _____

Scoring: Less than 10 minutes = 15 points;
10–25 minutes = 10 points; over 25 minutes = 5 points

	5	4			3		7	
		6					2	
2				5	8		4	9
			1		5	2		6
		1	2		4	7		
5		7	3		9			
4	3		5					2
	1			9		3		
	9		4				1	7

Time: _____   Score: _____

Scoring: Less than 10 minutes = 15 points;
10–25 minutes = 10 points; over 25 minutes = 5 points

4		7						5
			9	4		2	6	
6			8			4		
7	9			2				8
5			1			7		2
2				3			5	4
		4			2			6
	7	1		8	4	5		
3						8		9

Time: [   ]   Score: [   ]

Scoring: Less than 10 minutes = 15 points;
10–25 minutes = 10 points; over 25 minutes = 5 points

7	4		3					
				8	6	3		7
9			2			6	1	
	7	9		4			2	
2		1		3		4		8
	3					1	9	
	9	7			3			1
5		4	1	2			3	
				8		6		

Time: _____   Score: _____

Scoring: Less than 10 minutes = 15 points;
10–25 minutes = 10 points; over 25 minutes = 5 points

6	8						2	
			2	5				6
	1				8	9		3
	5				7		3	2
4	3						9	7
8	2		5		3		6	
7		1	4				5	
3				8	9			4
	4					6	1	

Time: _____   Score: _____

Scoring: Less than 10 minutes = 15 points;
10–25 minutes = 10 points; over 25 minutes = 5 points

	8				6	2		
5			4	8		1	3	9
				3				
	4					8	1	
8		5	1		3	9		
	7	9			2		5	3
				5				
2	3	7		9	1	5		4
		8					7	

Time: _____   Score: _____

Scoring: Less than 10 minutes = 15 points;
10–25 minutes = 10 points; over 25 minutes = 5 points

3	6				5			7
		7			3	8		
		1	7			6	5	
2				4		7		5
	7		2		6		4	
1		6		5				2
	8	2			9	4		
		5	3			1		8
6				7			2	

Time: _____   Score: _____

Scoring: Less than 10 minutes = 15 points;
10–25 minutes = 10 points; over 25 minutes = 5 points

	6				9		7	5
5				2		3		
3		2			4	6		1
		3	8	4				
7		1				8		4
				5	2	7		
6		4	2			5		
		7		3	5			2
9	2		6				1	

Time: [   ]   Score: [   ]

Scoring: Less than 10 minutes = 15 points;
10–25 minutes = 10 points; over 25 minutes = 5 points

	5					7		
	7		1			8		6
		1	7		9	3		5
2		9		4		5		3
5			8					9
6		8		2		1		4
7		5	4		6	2		
1		4			8			
			5				6	

Time: Score:

Scoring: Less than 10 minutes = 15 points;
10–25 minutes = 10 points; over 25 minutes = 5 points

	1		2				4	
	3					7	8	
			7	6	1		5	2
1		9		5		4		
3		7				8		5
		2		7		6		3
8	7		1	4	5			
	5	4					3	8
					9			4

Time: [ ]　　　　Score: [ ]

Scoring: Less than 10 minutes = 15 points;
10–25 minutes = 10 points; over 25 minutes = 5 points

		9				6		4
6				5			9	1
	4			9			2	
	1		2		6	5		
		8			3	1		6
7		6	8		5		4	
	9			6			1	
3	2			8				7
4		5			7	8		

Time: | | **Score:** | |

Scoring: Less than 10 minutes = 15 points;
10–25 minutes = 10 points; over 25 minutes = 5 points

7				3			8	
	8	9		7		4		6
					5		1	3
	3		9				7	4
5			7		3			1
2	1	7			6		9	
8	7		4					
1		5		2		8	6	
					8			7

Time: _____   Score: _____

Scoring: Less than 10 minutes = 15 points;
10–25 minutes = 10 points; over 25 minutes = 5 points

	7	6					8	
			4			5		1
8		1	7			6		4
		7		1	5		3	9
	3						2	
2	1		8	3		4		
7		5			4	2		6
9		4			6			
	6			7			4	

Time: [ ]   Score: [ ]

Scoring: Less than 10 minutes = 15 points;
10–25 minutes = 10 points; over 25 minutes = 5 points

		8	4				7	1
	6				9			
	2	3		1	7	6		
6		5			3		2	4
9			6					7
3			1			8		6
		6	3	9		7	4	
	3		8				1	
2	1				4			

Time: _____   Score: _____

Scoring: Less than 10 minutes = 15 points;
10–25 minutes = 10 points; over 25 minutes = 5 points

150

			6				8	7
5	6			7				
	7			2	1	4	6	
	1				4	7	2	
	8	3				9	5	
	2	5	9	3			4	1
	9	8	2	5				
6				4			3	8
				3				

Time: _____   Score: _____

Scoring: Less than 10 minutes = 15 points;
10–25 minutes = 10 points; over 25 minutes = 5 points

1		3	8			7		
	3			4				2
9	7	4		5				
	6			2		4	8	
8	5					1	7	
7	4		6		8	3		
		2			7	8	1	
4		8			2			
			9	7		6		

Time: _____   Score: _____

Scoring: Less than 10 minutes = 15 points;
10–25 minutes = 10 points; over 25 minutes = 5 points

4		2						8
					6	2	4	
8	1		9	4				7
	8			9			3	1
		6		5		9		
7	5			2			8	
6				1	3		5	9
		3	4					6
9	7					4		

Time: _____   Score: _____

Scoring: Less than 10 minutes = 15 points;
10–25 minutes = 10 points; over 25 minutes = 5 points

	3		5			1		9
		4	7	9				
7			6				8	5
		8				7	5	
	5		4	1	8			6
	1	6				3		
8	4				3			7
				4	6	5		
2		9			5		3	

Time: _____   Score: _____

Scoring: Less than 10 minutes = 15 points;
10–25 minutes = 10 points; over 25 minutes = 5 points

154

9		9				4		6
6			4				2	
8	4			3	1		9	
		8			7		4	1
5				6				3
1	6		8			7		
	7		2	9			6	5
	2				5			4
		5		4		9		

Time: _____   Score: _____

Scoring: Less than 10 minutes = 15 points;
10–25 minutes = 10 points; over 25 minutes = 5 points

	3		7				5	
	2				9	6	8	
		5	4					1
9	5				7			8
	6	4		5		7	2	
8			6				1	4
7					6	2		
	9	6	1				3	
				7	5	1		

Time: [   ]   Score: [   ]

Scoring: Less than 10 minutes = 15 points;
10–25 minutes = 10 points; over 25 minutes = 5 points

	4	7				6		5
			2		4			
9	3			6			4	8
	7				6	4		
	9		1	5	3		7	
		8	7				5	
5	6			8			2	7
			6		9			
7		4					6	

Time: _____   Score: _____

Scoring: Less than 10 minutes = 15 points;
10–25 minutes = 10 points; over 25 minutes = 5 points

3			2			4	6	
		9	4	7	1			
	2					5		9
2	6		7				4	
9				5				7
	1				2		5	6
4		1					2	
			5	8	6	1		
	9	6	1					3

Time: [ ]   Score: [ ]

Scoring: Less than 10 minutes = 15 points;
10–25 minutes = 10 points; over 25 minutes = 5 points

	2	7			1			
			4		7	3		2
	6	1				5		
		8			4		2	5
7		2		5		9		4
5	3		7			8		
		5				1	7	
9		6	8		2			
					5	2	8	

Time: _____   Score: _____

Scoring: Less than 10 minutes = 15 points;
10–25 minutes = 10 points; over 25 minutes = 5 points

				4			8	
	7			8		9	3	
8			3	1				2
	3	6	8		1		5	
			2	5	6			
	8		4		9	7	6	
1				6	8			9
	2	3					7	
		8		2		4		

Time: _____   Score: _____

Scoring: Less than 10 minutes = 15 points;
10–25 minutes = 10 points; over 25 minutes = 5 points

			2					
		6		3		1		
2				7	9	5	8	4
							7	8
	1						5	
8	9							
5	6	7	8	4				9
		2		9		3		
				5				

Time: _____   Score: _____

Scoring: Less than 10 minutes = 15 points;
10–25 minutes = 10 points; over 25 minutes = 5 points

3		7			6	8	9	
		9						
	2			1		5		6
8		1	6				3	7
			8		1			
7	4				9	1		8
6		4		3			1	
				9		4		
	9	3	4			2		

Time: _____ Score: _____

Scoring: Less than 10 minutes = 15 points;
10–25 minutes = 10 points; over 25 minutes = 5 points

	6			4			8	
8		9	6	7			3	
					2		6	4
4		8					1	
	9	7		1		3	5	
	5					8		2
1	8		4					
	2			6	9	5		8
				3			2	

Time: _____   Score: _____

Scoring: Less than 10 minutes = 15 points;
10–25 minutes = 10 points; over 25 minutes = 5 points

4		8			7			6
				8			4	1
		9		6			2	7
	4	3	1					
5			4		6			8
					3	9	7	
3	6			5		2		
9	1			4			6	
8			6					5

Time: _____   Score: _____

Scoring: Less than 10 minutes = 15 points;
10–25 minutes = 10 points; over 25 minutes = 5 points

	3	5			8		6	
8				3		7		
			6		4	3		
1	4		8	9			7	
2			5			6		8
	8			7	6		9	2
		7	9		1			
		4		8				5
	2					1		

Time: [   ]   Score: [   ]

Scoring: Less than 10 minutes = 15 points;
10–25 minutes = 10 points; over 25 minutes = 5 points

DIFFICULT PUZZLE TIPS

In order to get the best out of the Difficult puzzles I suggest you also read the Super Difficult puzzle tips before starting.

Explanation of co-ordinates

As it's likely that our explanations are going to have to become more complicated, I need to tell you how I'm going to indicate which little box we're looking at specifically. Have a look at the grid opposite.

I'm going to describe boxes by saying the column number first, followed by the row number. So looking at the number **4** in the grid, I would describe it as being in **(column 1, row 1)**.

Likewise for number **6** in the grid, its position is **(column 4, row 5)**. Look at the other numbers I've written in and see if you can specify their co-ordinates. It'll help to get a bit of practice at this stage.

	Column 1	Column 2	Column 3	Column 4	Column 5	Column 6	Column 7	Column 8	Column 9
Row 1	4								
Row 2						9			
Row 3									
Row 4								5	
Row 5		1		6					
Row 6									
Row 7									
Row 8			7						3
Row 9									

It should be possible to solve the difficult puzzles using the techniques described in our sections so far. However, if you want to zip through to our tips in the super-difficult section on page 228 you might get some further ideas you can use to make your solution time even faster. For now though, I'm just adding one more tip.

	6	9		2		4	7	1
	8	1		7		2	6	3
	2	7	1		6	9	5	8
9		2	4	8		3	1	6
8		4	6			5	9	2
1		6		9	2	8	4	7
2	9	◯			3		8	
◯	1	◯		5			2	
7	4	◯	2	6			3	

3 or more missing numbers

This technique is a beauty when you're able to use it.

Look at the **bottom left mini-grid.** You'll see that four boxes still need to be filled. By counting from **1** to **9** in your head, you'll notice that the missing numbers are **3**, **5**, **6** and **8**. You can make a note of them on a piece of paper if it makes things easier for you.

Now have a look at **column 3**. The numbers have been completed apart from three, all of which are positioned in our **bottom left mini-grid**. By counting from **1** to **9** you'll find that the missing numbers in **column 3** are **3**, **5** and **8**.

So the missing numbers in the mini-grid which can also fit into **column 3** are **3**, **5** and **8**.

If **3**, **5** and **8** fit into **column 3**, the missing number **6** from the mini-grid must therefore fit into the only other space available, in **column 1**. Fill it in now.

We can now analyse **column 3** in more detail, where the only numbers left to place are **3**, **5** and **8**. Neither the **3** nor the **8** can be placed in **row 7** as those numbers have already been given in other places in this row. Therefore, the number to be entered in **column 3** on **row 7** must be **5**. Get your pencil ready and fill it in please.

Now we only have the numbers **3** and **8** left to complete. Looking at **row 9**, you can see that a **3** has already been given on that row, so the number to be placed in **column 3** on **row 9** must be **8.** Obviously there's only one place left for the **3** in **column 3**, so pop it in the correct box now.

So there's a cheeky way of completing 4 numbers pretty quickly. You could now go on to use that extra information in other parts of the grid. Excellent.

A DIFFICULT PUZZLE FROM START TO FINISH

As you enter a more difficult Sudoku world, you have to be able to switch between techniques much faster. **The more techniques you have at your fingertips the better, so I would highly recommend that you also read the Super Difficult tips and complete the Super Difficult start to finish puzzle before embarking on the next batch of puzzles.** As with all of our other solutions, what you're about to follow isn't the only way of completing the Sudoku. However, it is one way to get to the correct answer, so here goes.

Looking at the 6s

Starting with number **1**, I've tried to place some numbers in the grid but have had no joy with **1**, **2**, **3**, **4 and 5**. Only number **6** starts the ball rolling. Using slicing and slotting along the **bottom band of mini-grids**, the **6** in the **bottom left mini-grid** must be placed in **row 9**, so in **row 7** we're left with only one box where **6** can be placed. Bingo. So working up the **left stack of mini-grids**, and using the 'only one that fits' method down **column 3**, we can place **6** in **(column 3, row 9)**.

Looking at the **centre stack of mini-grids**, we have two circled options for number **6** in the **centre mini-grid**. Analysing the **middle band of mini-grids**, and using slicing and slotting, we can see that the **6** must go in **row 5** in the **middle right mini-grid** so in the **centre mini-grid** the **6** must be in **(column 6, row 4)**. It isn't possible at this point to place any more **6s**, so let's move on to **7s**.

			6	○				
		3	9	○				
		5	7	○	1	4	8	
		1	(8)	(X)	6	9	4	2
			(X)	(X)		(8)		○
6	3	8				5		
	7	2	3	6	5	1		○
						9	6	○
		6			8			

We can't place any **7s** immediately. However, **in the centre mini-grid,** we are able to place the **8**. First by slicing and dicing we end up with four circled options. Next, we can cross out the boxes in **row 5** as number **8** has to be placed in **row 5** in the **middle right mini-grid** and not in the **centre**. This leaves two boxes as options, both on **row 4**. So we slice and slot down the centre stack, where **8** must be in **column 5** in the **top centre mini-grid**, to give us **8** in **(column 4, row 4)**.

Next we can use the 'only one that fits' method in **column 7**. There is only one circle where we can place number **8** which is in **(column 7, row 5)**. In **row 7** we only have three numbers left to complete. Note that I haven't placed circles here this time. They are numbers **4**, **8** and **9**. If you look at **(column 8, row 7)**, you can see that of those three numbers left to place in **row 7**, only the **9** will fit. That's because **4** and **8** have already been placed in **column 8**. Write the **9** in this box.

			6	○			○	
	3	9						
	5	7		1	4	8	○	
	1	8	○	6	9	4	2	
	○	(5)			8	○		
6	3	8		(9)	5			
	7	2	3	6	5	1	9	
○					9	6		
		6			8	○		

Using slicing and slotting down the centre stack we can find that number **5** must be placed in **column 5** in the **top centre mini-grid.** Therefore, it can't be fitted into **column 5** in the **centre mini-grid**. This gives us 5 in **(column 4, row 5)**.

Likewise, slicing and slotting across the **middle band of mini-grids** shows that number **3** must fit into **row 5** in the **middle right mini-grid**, which gives us just one place for number **3** in the **centre mini-grid** at **(column 5, row 4)**. Write it in. Again using slicing and slotting across the **middle band** shows that number **9** must be placed somewhere in **row 5** in the **middle left mini-grid,** and therefore fits neatly into the **centre grid** at **(column 5, row 6)**.

Now we've placed the **3** in the **centre mini-grid**, we can slice and dice the position of number **3** in the **top centre mini-grid**, and once again the number **3** for the **top right**

mini-grid. We're starting to move along now and can easily find, by slicing and dicing, the number **3** in all the mini-grids in the **right stack** and then again in the **bottom left mini-grid**. Now all the **3s** have been completed. By slicing and dicing we can now place **9** in the **top right mini-grid** as well. Concentrating on the **left stack of mini-grids**, work out where **9** is placed using the 'only one that fits' principle in **column 3**.

Analysing **row 4,** we can see that only two numbers are missing; **5** and **7**. It's easy by looking down **column 2** and seeing that **7** has already been placed to work out where **5** goes in **(column 2, row 4)** and therefore **7** finishes the row.

Slicing and dicing then gives us **7** in the **top left mini-grid** and **4** finishes off **column 3**. Try filling in the numbers as we go. Looking closely at **row 7** gives us two missing numbers, **4** and **8**. A **4** has just been placed in the **bottom**

left mini-grid so only **8** can fit into **(column 1, row 7)** and a **4** in **(column 9, row 7)** completes the row.

Another **8**, found by slicing and dicing, goes into **(column 9, row 8)** in the **bottom right mini-grid.** And by slicing and dicing we find **5** at **(column 1, row 9)** in the **bottom left mini-grid.** Then we can finish off the **5s** in the **right stack.** Fill them in yourself. Hooray!

We can now complete the **left** and **right mini-grids** in the **bottom band** by knowing our missing numbers and then slicing and dicing.

In the **bottom left mini-grid** we need to enter **9** in **(column 2, row 9)** and **1** in **(column 2, row 8)**. In the **bottom right mini-grid**, the missing numbers are **2** and **7** so work out which number goes where.

Now **column 9** has only the numbers **1** and **6** left to place. Looking along the rows in question, it's easy to place the **6** in **(column 9, row 5)** and then the **1**. A simple counting from **1** to **9** allows us finish off that mini-grid. Slicing and dicing down the **centre stack** gives us **7** in **(column 5, row 8)** and again in **(column 6, row 5)**.

Slicing and dicing gives us number **7** for the **top right mini-grid** and now I'm leaving it to you to complete the rest of the numbers in the **top right mini-grid** starting with **column 7**. Complete **row 8** as a little extra too. Good luck.

		7	6		3	2	1	9
○		3	9		○	7	6	5
		5	7		1	4	8	3
7	5	1	8	3	6	9	4	2
		9	5	○	7	8	3	6
6	3	8	○	9	○	5	7	1
8	7	2	3	6	5	1	9	4
3	1	4	2	7	9	6	5	8
5	9	6	○	○	8	3	2	7

Follow these instructions in order and fill in the circled boxes. Complete **column 4** by knowing that the numbers left to place are **1** and **4**. Next, complete **row 9** by finding the only number missing. In **column 6** complete the two missing numbers **2** and **4**. Next, complete the **centre mini-grid** finding the only number missing, and finally slice and dice number **1** into the **top left mini-grid**. Check your answers in the next grid.

		7	6	○	3	2	1	9
1		3	9	○	4	7	6	5
		5	7	○	1	4	8	3
7	5	1	8	3	6	9	4	2
		9	5	1	7	8	3	6
6	3	8	4	9	2	5	7	1
8	7	2	3	6	5	1	9	4
3	1	4	2	7	9	6	5	8
5	9	6	1	4	8	3	2	7

I want you to complete the grid now, starting with **column 5** and knowing that the missing numbers are **2**, **5** and **8** and starting with **(column 5, row 3)**. Finally slice and dice away until you have completed the grid. You can check your own answer by knowing that no numbers are repeated in any row, column or mini-grid.

Congratulations! You have mastered a difficult Sudoku. Time to test your skills on some puzzles.

			6				5	
					8	9	4	
				2		7	6	
3			7	4				6
	9	7				1	8	
6				9	5			2
	2	6		5				
	7	4	2					
	5				6			

Time: _____   Score: _____

Scoring: Less than 15 minutes = 15 points;
15–30 minutes = 10 points; over 30 minutes = 5 points

			8			3	2	
			4		6			
	9	1						6
7		9		6	4	1		
	4		1		7		5	
		6	2	3		7		4
5						2	6	
			9		5			
	8	2			3			

Time: _____ **Score:** _____

Scoring: Less than 15 minutes = 15 points;
15–30 minutes = 10 points; over 30 minutes = 5 points

						3		
4								7
5	6	7		3		4		
		4	5	7				3
		1	6		4	8		
9				1	3	2		
		3		4		7	8	6
8								9
		6						

Time: _____   Score: _____

Scoring: Less than 15 minutes = 15 points;
15–30 minutes = 10 points; over 30 minutes = 5 points

				8				
			7			9	4	
	1			6		7	3	
		7			9			3
1		3	8		5	4		7
5			6			2		
	5	8		7			9	
	6	1			3			
				4				

Time: _____   Score: _____

Scoring: Less than 15 minutes = 15 points;
15–30 minutes = 10 points; over 30 minutes = 5 points

7	4	5	2	8	9	3	1	6
3	1	8	6	5	4	7	9	2
9	2	6	7	1	3	5	4	8
4	8	7	5	9	1	2	6	3
2	3	1	4	7	6	9	8	5
6	5	9	3	2	8	4	7	1
8	6	2	9	4	5	1	3	7
1	7	4	8	3	2	6	5	9
5	9	3	1	6	7	8	2	4

Time: _____   Score: _____

Scoring: Less than 15 minutes = 15 points;
15–30 minutes = 10 points; over 30 minutes = 5 points

3	1	2	5	4	7	9	8	6
7	4	6	9	1	8	2	5	3
5	8	9	3	6	2	4	1	7
4	7	8	6	9	5	1	3	2
6	5	3	2	8	1	7	9	4
9	2	1	7	3	4	5	6	8
1	3	7	4	5	6	8	2	9
2	6	5	8	7	9	3	4	1
8	9	4	1	2	3	6	7	5

Time: [   ]   Score: [   ]

Scoring: Less than 15 minutes = 15 points;
15–30 minutes = 10 points; over 30 minutes = 5 points

		4				6		
3	6				9			
	2		6	5	4	3		
1	5		4	9	2	8	3	7
8	4	7	5	6	3			1
2			7	1	8	5	4	6
			8	4	1		6	
			9				8	3
						7		

Time: _____   Score: _____

Scoring: Less than 15 minutes = 15 points;
15–30 minutes = 10 points; over 30 minutes = 5 points

6		1			3		8	9
			8	2	6	5		7
		7						4
			5	9	8			
3						6		
1		4	6	3	2			
5	8		7			1		6

Time: [ ]   Score: [ ]

Scoring: Less than 15 minutes = 15 points;
15–30 minutes = 10 points; over 30 minutes = 5 points

							3	
			5	3		7		4
		9			1	5	8	6
	9						4	5
2			3		5			7
1	5					2		
7	8	5	6			9		
9		6		5	2			
	3							

Time: _____   Score: _____

Scoring: Less than 15 minutes = 15 points;
15–30 minutes = 10 points; over 30 minutes = 5 points

			4				3	
						8		
		5	8	7				2
3	8		7	4		2		
	5	9	2		3	4	8	
		1		8	6		7	3
6				5	7	9		
		2						
	1				8			

Time: _____   **Score:** _____

Scoring: Less than 15 minutes = 15 points;
15–30 minutes = 10 points; over 30 minutes = 5 points

	5			6		1		8
		9	1				2	4
	5		8	2		7		
	1	7	5		6	2	8	
	8		7	3		9		
2	6			5	9			
9		8		2			5	

Time: [   ]   Score: [   ]

Scoring: Less than 15 minutes = 15 points;
15–30 minutes = 10 points; over 30 minutes = 5 points

		8	1					
			3			9	7	1
				2	6	8		5
	3	2						
7		1	8		3	5		2
						3	6	
9		7	2	6				
8	4	6			9			
					1	6		

Time: _____   Score: _____

Scoring: Less than 15 minutes = 15 points;
15–30 minutes = 10 points; over 30 minutes = 5 points

						1		7
		9					2	
			8		2	5	4	
					3	9		1
2		1	7		6	8		3
5		6	1					
	6	7	2		1			
	1					3		
4		5						

Time: [   ]   Score: [   ]

Scoring: Less than 15 minutes = 15 points;
15–30 minutes = 10 points; over 30 minutes = 5 points

190

			8					1
					2		8	
	4	1				9		
		3	6			2		
1	7			2			5	6
		9			5	7		
		2				6	7	
	3		1					
6					3			

Time: [   ]   Score: [   ]

Scoring: Less than 15 minutes = 15 points;
15–30 minutes = 10 points; over 30 minutes = 5 points

5	2	6	9	3	7	8	4	1
8	9	1	4	5	6	3	7	2
4	7	3	1	8	2	5	9	6
3	4	5	8	6	9	2	1	7
1	6	7	5	2	4	9	3	8
9	8	2	7	1	3	6	5	4
6	3	9	2	7	1	4	8	5
7	5	4	6	9	8	1	2	3
2	1	8	3	4	5	7	6	9

Time: [   ]   Score: [   ]

Scoring: Less than 15 minutes = 15 points;
15–30 minutes = 10 points; over 30 minutes = 5 points

1	3	6	2	8	5	7	4	9
2	9	5	3	4	7	1	8	6
7	8	4	6	9	1	5	2	3
8	2	3	7	6	4	9	1	5
9	6	7	1	5	2	4	3	8
5	4	1	8	3	9	6	7	2
6	5	2	4	7	3	8	9	1
4	1	8	9	2	6	3	5	7
3	7	9	5	1	8	2	6	4

Time:

Score:

Scoring: Less than 15 minutes = 15 points;
15–40 minutes = 10 points; over 40 minutes = 5 points

			3					
6						4		
	2		9	5		6	3	
5	7					1		3
	9		5		8		4	
4		8					9	5
	6	4		2	3		7	
		7						8
					1			

Time: ⬚ Score: ⬚

Scoring: Less than 15 minutes = 15 points;
15–40 minutes = 10 points; over 40 minutes = 5 points

4	8							
1		5	4					
				3		7		4
3				1	4		9	
		1	2		8	6		
	9		5	6				8
5		9		2				
					7	5		6
							1	9

Time: _____   Score: _____

Scoring: Less than 15 minutes = 15 points;
15–40 minutes = 10 points; over 40 minutes = 5 points

		1					9	7
4				1		2		8
		8	4	7		5		6
			6	3				
			1		7			
				8	5			
9		6		4	2	8		
1		3		9				2
8	2					3		

Time: _____   Score: _____

Scoring: Less than 15 minutes = 15 points;
15–40 minutes = 10 points; over 40 minutes = 5 points

		1	4	3				2
				8	9		3	6
		3	8	5			7	1
		2				5		
8	5			1	4	9		
1	4		3	7				
2				9	8	3		

Time: _____   Score: _____

Scoring: Less than 15 minutes = 15 points;
15–40 minutes = 10 points; over 40 minutes = 5 points

4								
7			8			6		
			1	9	4	7		3
	3	1			8			7
	7		3		6		9	
9			7			1	3	
1		8	2	7	5			
		4			9			1
								6

Time: _____   Score: _____

Scoring: Less than 15 minutes = 15 points;
15–40 minutes = 10 points; over 40 minutes = 5 points

	7		4	3				
					8	6		
		9			6	7		
5	1				7			4
	2						1	
3			5				6	9
		5	3			8		
		3	1					
				8	4		5	

Time: [ ]   Score: [ ]

Scoring: Less than 15 minutes = 15 points;
15–40 minutes = 10 points; over 40 minutes = 5 points

	3			2				
			7			9		
8			3					1
		8		3		6		7
	9		5		6		3	
6		3		8		2		
2					1			9
		7			2			
				4			8	

Time: _____   Score: _____

Scoring: Less than 15 minutes = 15 points;
15–40 minutes = 10 points; over 40 minutes = 5 points

200

	8			6	3			
5		2			9			6
1		9		8		5		
2	5						8	1
		7		2		6		3
6			5			3		8
			2	9			5	

Time: _____ Score: _____

*Scoring: Less than 15 minutes = 15 points;
15–40 minutes = 10 points; over 40 minutes = 5 points*

135

		2					6	
		1		3			8	
8	3	5	1	2	6	9	7	4
3	7	8		4	5			1
5	2	6	3	9	1	8	4	7
4			8				5	
1	8	4	9	7	3	5		
	9					7	1	
	5		6	1		4	3	

Time:

Score:

Scoring: Less than 15 minutes = 15 points;
15–40 minutes = 10 points; over 40 minutes = 5 points

2	4	37 9	37	6	35	1	6	35
6	33	37		5	8	7	4	9
5	1	79	79	6	4	2	3	8
1	2	35 6	36	4	9	8	15	7
9	8	4	5	7	1	3	2	6
7	35	35	8	2	36	9	15	4
8	7	1		3		4	9	2
3	9	56	4	8			7	1
4	56	2	9	9	7	47	8	3

Time: _____   **Score:** _____

Scoring: Less than 15 minutes = 15 points;
15–40 minutes = 10 points; over 40 minutes = 5 points

2								
		5	7	8				3
	7		2		4		6	
8	2			1	3			
		9				4		
			4	7			8	2
	6		3		2		1	
3				4	9	7		
								4

Time: [   ]   Score: [   ]

Scoring: Less than 15 minutes = 15 points;
15–40 minutes = 10 points; over 40 minutes = 5 points

	8				4			1
				6	7			
		3	1					6
		2	8			9	5	
		1		2		4		
	4	5			9	2		
2					6	3		
			5	8				
3			7				8	

Time:

Score:

Scoring: Less than 15 minutes = 15 points;
15–40 minutes = 10 points; over 40 minutes = 5 points

	9			8			6	
						3		9
1					7			8
		4			3	9		
6			2		4			1
		1	9			8		
8			6					3
2		7						
	6			4			1	

Time: [   ]   Score: [   ]

Scoring: Less than 15 minutes = 15 points;
15–40 minutes = 10 points; over 40 minutes = 5 points

206

	8							
1						2		
3	6	7	9		2	8		
				9	6	5		
7			3		5			1
		5	7	2				
		3	8		9	1	6	7
		4						9
							5	

Time: [ ] Score: [ ]

Scoring: Less than 20 minutes = 15 points;
20–50 minutes = 10 points; over 50 minutes = 5 points

				8				5
	6					4		
			2		9		1	
	2	7					9	
	3		1		5		4	
	9					3	8	
	8		4		3			
		4					7	
5				2				

Time: _____   Score: _____

*Scoring: Less than 20 minutes = 15 points;
20–50 minutes = 10 points; over 50 minutes = 5 points*

3	7							
								9
			9	2	6		8	
					3	4		8
	3	4	8		1	2	9	
8		5	6					
	2		4	7	9			
1								
							6	4

Time: _____   Score: _____

Scoring: Less than 20 minutes = 15 points;
20–50 minutes = 10 points; over 50 minutes = 5 points

			8					
	7				9		1	
6		9		4	7	3		
		8				4		1
4			1		8			5
1		3				2		
		4	7	2		1		3
	3		4				9	
				5				

Time: [ ]   Score: [ ]

Scoring: Less than 20 minutes = 15 points;
20–50 minutes = 10 points; over 50 minutes = 5 points

	5				8			1
		9	7	4	6			
				5				6
4			6			1		
	8	3				7	2	
		1			3			4
8				2				
			1	8	5	2		
3							9	

Time: [   ]   **Score:** [   ]

Scoring: Less than 20 minutes = 15 points;
20–50 minutes = 10 points; over 50 minutes = 5 points

145

		5			2	7		
4				7		2		1
			9			3	5	6
3						6		
		1	7		4	5		
		4						9
5	1	2			9			
7		8		6				5
		6	4			1		

Time: _____   Score: _____

Scoring: Less than 20 minutes = 15 points;
20–50 minutes = 10 points; over 50 minutes = 5 points

	5							
		4	6					
3		1	8	9		7		6
			1				7	2
		7	5		8	4		
5	1				3			
2		3		1	6	9		5
					4	3		
							1	

Time: _____   Score: _____

Scoring: Less than 20 minutes = 15 points;
20–50 minutes = 10 points; over 50 minutes = 5 points

7	5	2	1	4	3	8	6	9
4	3	8	9	6	7	2	5	1
6	1	9	5	8	2	3	7	4
5	7	4	2	1	6	9	8	3
8	9	1	7	3	5	4	2	6
2	6	3	8	9	4	7	1	5
9	4	5	6	2	8	1	3	7
3	8	6	4	7	1	5	9	2
1	2	7	3	5	9	6	4	8

Time: _____   Score: _____

Scoring: Less than 20 minutes = 15 points;
20–50 minutes = 10 points; over 50 minutes = 5 points

		3						
				2		9		
	7				5	3		1
	2		8	4			1	
4		8	3		7	6		9
	1			9	2		8	
8		1	7				4	
		2		6				
						7		

Time: [   ]   Score: [   ]

Scoring: Less than 20 minutes = 15 points;
20–50 minutes = 10 points; over 50 minutes = 5 points

			6					
			5			9	4	8
			1				2	3
		5			3		9	6
4		1	9		5	3		2
9	6		7			1		
1	9				6			
5	8	4			7			
					1			

Time: _____   Score: _____

Scoring: Less than 20 minutes = 15 points;
20–50 minutes = 10 points; over 50 minutes = 5 points

				1				
							9	6
	5			4	6		7	
		7			5	2	4	3
		3	8		4	9		
2	4	6	7			5		
	7		2	5			1	
8	3							
				7				

Time: [ ]   Score: [ ]

Scoring: Less than 20 minutes = 15 points;
20–50 minutes = 10 points; over 50 minutes = 5 points

			5	4		1	2	
		6	1	8			9	4
	3					9	8	5
	2		6		8		7	
7	5	8					4	
3	8			2	1	4		
	1	9		6	5			

Time: Score:

Scoring: Less than 20 minutes = 15 points;
20–50 minutes = 10 points; over 50 minutes = 5 points

				5				
3								
	2	8		9	4	5		
	5	2		8	7			9
		7	4		9	2		
6			5	3		7	1	
		4	1	7		8	2	
								7
				2				

Time: **Score:**

Scoring: Less than 20 minutes = 15 points;
20–50 minutes = 10 points; over 50 minutes = 5 points

4			5					
	3	8						
	2	6	8	4	1			
	6	2	7				4	1
				8				
9	7				5	6	8	
			6	1	8	3	7	
						9	6	
					2			5

Time: _____   Score: _____

Scoring: Less than 20 minutes = 15 points;
20–50 minutes = 10 points; over 50 minutes = 5 points

220

								8
			9	6			3	
		3			5		2	
2		9			1		6	
	7			3			5	
	6		4			8		1
	4		8			5		
	3			2	4			
9								

Time: _____   Score: _____

Scoring: Less than 20 minutes = 15 points;
20–50 minutes = 10 points; over 50 minutes = 5 points

			1			5		
				8	4			7
	3		9					6
						6		8
2	8		7		6		1	4
5		3						
3					5		4	
4			6	9				
		8			2			

Time: _____   Score: _____

Scoring: Less than 20 minutes = 15 points;
20–50 minutes = 10 points; over 50 minutes = 5 points

					4			
	2		6		5			3
5	8	9		3			7	
		6						9
	5		3		8		4	
8						2		
	4			2		3	9	7
1			8		3		2	
			4					

Time: ☐ Score: ☐

Scoring: Less than 25 minutes = 15 points;
20–55 minutes = 10 points; over 55 minutes = 5 points

								7
				3		4		9
		2	5	6				1
	4				3	1		
2		3	7	1		8		
3	8				2			
3		4	1	8				
2	5		6					
9								

Time: _____   Score: _____

Scoring: Less than 25 minutes = 15 points;
20–55 minutes = 10 points; over 55 minutes = 5 points

						3	4	5
					2		6	
			7		6	9		
	4	8			9	5		
1		3				6		2
		6	3			4	8	
		1	5		7			
	5		2					
7	8	2						

Time: [   ]   Score: [   ]

Scoring: Less than 25 minutes = 15 points;
20–55 minutes = 10 points; over 55 minutes = 5 points

3	8	2	5	7	4	6	7	6
6	5	1	9	2		4	3	
9	7	4	6	1	3		5	2
7	1	5	3	6	2	9	8	4
2	4	9	1	5	8	7	6	3
8	6	3	4	9	7	1	2	5
1	9	7	8	3	5	2	4	6
4	2	6	7	9	1	5	3	8
5	3	8	2	4	6	1	9	7

Time: [   ]   Score: [   ]

Scoring: Less than 25 minutes = 15 points;
20–55 minutes = 10 points; over 55 minutes = 5 points

Time: _____   **Score:** _____

Scoring: Less than 25 minutes = 15 points;
20–55 minutes = 10 points; over 55 minutes = 5 points

SUPER-DIFFICULT PUZZLE TIPS

Now we're moving on to super-difficult puzzles, it opens up a whole new way of looking at Sudokus. Let me make it clear, the easiest techniques to use are still slicing and dicing, slicing and slotting and completing rows, columns and mini-grids. However, with super-difficult puzzles, this will only get you so far. Sometimes, you may not be able to place a single number using these methods, so we need to learn other techniques.

The tips you're about to follow are the golden keys for completing super-difficult puzzles. We'll start with the technique known as **writing options**.

Very, very important technique: writing options

Look at the grid opposite. No more numbers can be placed in the grid with certainty, and we definitely don't want to start going down the road of trial and error. So what next? Well, this is where we start to pencil in our options for each of the boxes.

			6		3			
		3	9					
		5	7		1	4	8	
7	5	1	8	3	6	9	4	2
			5					
6	3	8		9		5		
	7	2	3	6	5	1	9	
					9	6		
		6			8			

I have found that the easiest way to do this is, as ever, to begin with number **1** and then work my way through to number **9**. So let's start with pencilling in options using slicing and dicing. This is where I prefer to use a pencil with a very thin nib – I find a propelling pencil is best of all as options can become very messy.

I like to work my way across each row in turn. Some people prefer to work in mini-grids, and no method is necessarily better than another. I've just found that it's nice to make life as easy as possible. Starting with the number **1**, we'll work across **row 1**, making small pencil marks in the boxes where a **1** could be placed.

You can see that a **1** already exists in the **top centre mini-grid** and that the **top band of mini-grids** gives us quite a number of options. Not to worry, we'll be able to cut those down as we progress.

Carrying on writing options while slicing and dicing through the grid shows that we can't place any of the number **1s** with certainty. That's fine, we simply move on to the **2s**.

1 2	*1 2*		**6**	*2*	**3**	*2*	*1 2*	*1*
1 2	*1 2*	**3**	**9**	*2*	*2*	*2*	*1 2*	*1*
2	*2*	**5**	**7**	*2*	**1**	**4**	**8**	
7	**5**	**1**	**8**	**3**	**6**	**9**	**4**	**2**
(*2*)	(*2*)		**5**	*1 2̸*	*2̸*		*1*	*1*
6	**3**	**8**	(*1 2*)	**9**	(*2*)	**5**	*1*	*1*
	7	**2**	**3**	**6**	**5**	**1**	**9**	
1	*1*		*1 2*	*1 2*	**9**	**6**	*2*	
1	*1*	**6**	*1 2*	*1 2*	**8**	*2*	*2*	

Writing options and using slicing and slotting

Next we move on to number **2.** Using slicing and dicing we can complete our options for the **top** and **bottom band of mini-grids**, but at this point I want us to pay much more attention to the **middle band of mini-grids** as this is a critical point in our analysis.

Looking at the **middle left mini-grid** we can pencil in two options for **number 2** using **slicing and dicing.** But now when we look at the **centre mini-grid** we can also use slicing and slotting to narrow down our options. So because the **2** will have to appear in **row 5** in the **middle left mini-grid**, it can't also appear in **row 5** in the **centre mini-grid**. Therefore, when we write our options for the **centre mini-grid**, we can only place them in **row 6**, in the circled boxes. Excellent, this will be very important later on as slicing and slotting reduces the number of options considerably.

It's far easier to eliminate potential numbers in this way while you are entering options. If you've placed every possible option by slicing and dicing and not by any other method, the grid can look a little jumbled. It's then a lot harder to work out what needs to be deleted. So try to get into the habit of slicing and slotting options to start with.

(4)	**9**	(24)	**5**	**1**	(24)	(4)		**3**
(3)	**1**	(34)	(24)	(234)	(234)	**9**	(4)	(2)
(3)	(34)	**2**	**9**	(34)	**6**	(⃝14)	(4)	(1)
8	(234)	(34)	(24)	**1**	**7**	(23)	**5**	**9**
(23)	**6**	(34)	(24)	(24)	**9**	(23)	**1**	(2)
1	**9**	**3**	(2)	(2)	(2)			**4**
(23)	(23)	(3)	**1**	(234)	(234)	**8**	**9**	
9	(3)	**7**	(4)	(34)	(34)	(⃝1)	**2**	(⃝1)
4	(2)	**1**	(2)	**9**	(2)		**3**	

Rubbing out options

Now this is where your page can begin to get messy. Some people prefer to cross out options as numbers begin to be filled in but I find that visually confusing, so I prefer to have rubber crumbs everywhere. It's neater and it helps. However, as this is a printed example, we'll have to refer to crossing out.

Look at the grid and study where the options are. We're going to place some numbers in the **circled boxes**. I've only entered the options for **1**, **2** and **3** around the grid so far. While I'm entering the options for number **4** some nice things start to happen. Look at the **bottom right mini-grid** where there are only two options for number **1**. By slicing and dicing with the **4s**, we can place a **4** in **(column 7, row 8)**. Write it in now. That means we have to cross out the option for number **1** in that box because it isn't correct and cross out all the options for **4** along that row and column. Always make sure that when you place a number you immediately rub out all options for that row, column and mini-grid. Don't wait until later or you'll be on the road to madness.

That then leaves us with only one place where a **1** can be placed in the **bottom right mini-grid**, so we can write number **1** in as well. With a **1** now placed in **column 9**, we immediately cross out all other number **1** options in that row, column and mini-grid. That leaves only one box where **1** can be placed in the **top right mini-grid**, so we can fill that in at **(column 7, row 3)**.

Don't confuse this situation with *lone numbers*, which we'll study next. Lone numbers only work when you have completed all options for the numbers from **1** to **9**. This method works as you go along because there is only one box available for that number – in the same way as slicing and dicing, this is how options can sometimes fix a number in a specific box.

3					5	8	4	12
		2	3				7	15
6	7			1			3	25
4				2				(1358)
1				8				9
				3				7
	3			4		5	2	6
				5	3	7	9	(18)
27	5	8	9	67	1267	(13)	(1)	4

Completing options by counting from 1 to 9 in a row, column or mini-grid

Have a look at the grid. I want us to concentrate on both **column 9** and **row 9** so I've deliberately left out options from the rest of the grid to help us view it more clearly.

You can sometimes write down options for a row, column or mini-grid simply by counting from **1** to **9** as we did in earlier examples. Watch this.

Look at the **bottom right mini-grid**. The numbers missing are **1**, **3** and **8**. We could resolve it by slicing and dicing but this time we're going to do it with options. I've written in the options for the mini-grid using additional information given to us in the associated rows and columns. We can see that in one box, the only option is number **1**. Therefore we can immediately place number **1** in **(column 8, row 9)**. By crossing out options for **1** in the rest of the mini-grid, we reduce the options in the other two boxes to a single number. Now we complete the mini-grid. Do that now in the circled boxes. Remember to then cross out all the options for those placed numbers in their rows and columns.

Once those numbers have been placed, we can study **column 9** where there are four boxes still left to complete. The numbers missing are **1**, **2**, **3** and **5**, so by checking across each row to reduce the options where possible in each box, we can write those options immediately. Now you can see that the only place where number **3** could be placed in **column 9** is in **row 4**, so write in the number. You could have reached this conclusion by slicing and dicing, but once you have started to work with options, it's going to be quicker than continually going back to slicing and dicing as we did with the easy Sudokus.

We can't write in any more numbers. Time to move on.

3	19 19	67 67	5	8	4	2
5	48	2	3	9 48	6	7	1
6	7	(4)	248	1 248	9	3	5
4	689	7	56	2 69	1 568	3
1	26	3	4567	8 467	24 56	9
89	2689 569	456	3 1469	24 568	7
79	3 19	78	4 78	5	2	6
2	46 46	1	5	3	7	9	8
(7)	5	8	9	67 267	3	1	4

Lone numbers

One thing you must understand about spotting lone numbers is that you can only try it once all options for all numbers have been entered into the grid. If you try to do it beforehand, it won't work.

Lone numbers are lovely. They show the only number which is an option for a particular box. However, before you enter the number, it's a good idea to count through from **1** to **9** to make sure that your work with options has been correct. So let's look at **(column 3, row 3)** where our only option is number **4**. Counting from **1** to **9** using all the other numbers in that row, column and mini-grid, we find that all other numbers have been placed, so we can write in the number **4**. Note that there is another option for **4** written in **(column 2, row 2)** but that option is obviously incorrect. Therefore, the lone number method is the only way we can fix the **4** in its correct position. Once it's been placed, remember to rub out all other number **4** options in that row, column and mini-grid.

In **(column 1, row 9)**, we have another lone number, even though there is another option written for **7** in that column, as well as in that row and also in that mini-grid. Check through from **1** to **9** to see that it's correct, place the **7** and then rub out all the other number **7** options in its row, column and mini-grid. Well done. Look out for lone numbers as soon as you've finished entering all options. Many will also reveal themselves as you progress.

3	¹⁹	¹⁹	⁶⁷	⁶⁷	5	8	4	2
5	⁴⁸	2	3	9	⁴⁸	6	7	1
6	7	⁴	(²⁴⁸)	1	²⁴⁸	9	3	5
4	⁶⁸⁹	7	⁵⁶	2	⁶⁹	1	⁵⁶⁸	3
1	²⁶	3	⁴⁵⁶⁷	8	⁴⁶⁷	²⁴	⁵⁶	9
⁸⁹	²⁶⁸⁹	⁵⁶⁹	⁴⁵⁶	3	(¹⁴⁶⁹)	²⁴	⁵⁶⁸	7
⁷⁹ 3		(¹⁹)	⁷⁸ 4		⁷⁸	5	2	6
2	⁴⁶	⁴⁶	1	5	3	7	9	8
⁷ 5		8	9	⁶⁷	²⁶⁷	3	1	4

Looking for single options

Working with the same grid as before, we're now going to look in a row, column or mini-grid for the only box which holds an option for a particular number. We're calling this the **single option** method. Just as with lone numbers, you can only use this method once *all* of the options for *all* of the numbers have been written.

So have a look at **column 4**. Only three numbers have been placed and there are no lone numbers, so what do we do next? Studying the options in more detail, we can see that in **column 4** there is only one possible option that has been written for number **2**. That means that the number **2** should be entered in **(column 4, row 3)**.

Similarly, looking along **row 6**, the only box with an option for number **1** is **(column 6, row 6)**, so that can now be placed.

In exactly the same way, the **bottom left mini-grid** has only one option for number **1** in **(column 3, row 7)**. The number **1** can now be placed in that mini-grid. Just as before, every time you place a number, you must immediately rub out that number as an option along its row, column and in its mini-grid. In that way, other opportunities arise.

6	⁴ 9	²⁴⁸ 5	1	7	(48)	3
(35) 1	8	²⁴ 7	²³⁴ 9	6	²⁵	

(Sudoku grid)

6	⁴	9	²⁴⁸	5	1	7	(4 8)	3
(3 5)	1	8	²⁴	7	²³⁴	9	6	²⁵
(3 5)	7	2	9	³⁴⁸	6	1	(4 8)	(5 8)
8	²³⁴	³⁴	6	1	7	(2 3)	5	9
7	6	³⁴⁵	²⁴⁵⁸	²⁴⁸	9	(2 3)	1	(2 8)
1	9	⁵	3	²⁸	²⁵⁸	6	7	4
²³⁵	²³⁵	6	1	²³⁴	²³⁴⁵	8	9	7
9	³⁵⁸	7	⁵⁸	6	³⁵⁸	4	2	1
4	(2 8)	1	7	9	(2 8)	5	3	6

Twinning

Have a little look at the grid above. All the options for all the numbers have been entered so we can now look for **twins**.

Let's start with the **top right mini-grid**. There are four boxes still left to fill. Notice that two of the boxes have options which are exactly the same. In **column 8** we have two boxes with the options **(4, 8)**. Whenever you have two boxes with two identical options of two numbers, these are known as twins and they are extremely powerful in Sudoku.

This is because those two numbers can *only* be placed in those boxes. You can prove this to yourself very easily. Put a

4 in one of the boxes and then cross out your **4** options in the other relevant boxes. What happens? The other twinned box must now contain the **8**. Alternatively, write an **8** in the first box, and then cross out your options for **8**. The other twinned box now has to contain **4**.

So what can we do with twins? Well, now we have a pair of twins in the **top right mini-grid**, we can cross out all other options for **4** and **8** in the same mini-grid. If we do that, you can see that we are immediately given the answer for **(column 9, row 3)**. Cross out the **8** option, then write in the **5**; and then cross out all **5** options for that row, column and mini-grid. In exactly the same way, we have **twins of (2, 3)** in the **middle right mini-grid**. That means all options for **2** and **3** can be rubbed out in that mini-grid, giving us the answer **8** for **(column 9, row 5)**.

Twins can take place along rows, columns or anywhere within a mini-grid and have different implications depending on where they occur. Look at **row 9** where we have twins of **(2, 8)**. Because these are in different mini-grids and all the other boxes in that row have been filled in, there is little else we can do with them.

We're very lucky to have yet another pair of twins of **(3, 5)** in **column 1**. These are useful. As they exist in the same mini-grid, we can then cross out all options for **3** and **5** elsewhere in the mini-grid (although in this case, that opportunity doesn't arise). However, because they also occur in the same column, we can also cross out all options for **3** and **5** elsewhere in the column. So in **(column 1, row 7)** by crossing out options **3** and **5** we are left with a lone number **2**. Fill it in and then cross out all **2** options for that mini-grid, row and column.

3	(19)	(19)	267	67	5	8	4	12
58	148	2	3	9	48	6	7	15
6	7	45	248	1	248	9	3	25
4	689	7	56	2	69	1	568	3
1	26	3	4567	8	467	24	56	9
2589	2689	569	1456	3	1469	24	568	7
79	3	(19)	178	4	178	5	2	6
2	1246	146	12	5	3	7	9	8
27	5	8	9	67	267	3	1	4

In this grid we have an interesting pair of twins. Across **row 1** we have twins of **(1, 9)**, so we can cross out all options for **1** and **9** along that row, allowing us to place number **2** in **(column 9, row 1)**. Because the **(1, 9)** twins also occur in the same mini-grid, we can also cross out all options for **1** and **9** in other places in that mini-grid. Do that now to get used to it.

Looking down **column 3**, we also have a pair of twins of **(1, 9)**. It doesn't matter that one of the twins is also shared with another twin in **row 1**, the rules still apply. So we can now cross out all other options for **1** and **9** in **column 3**. However, as the twins are in different mini-grids, we can go no further.

3						8	4	^{125}
			3			^{12569}	7	^{125}
6	7			1		^{29}	3	^{25}
4			2					3
1		3	8					9
			3					7
	3		4			5	2	6
			5	3		7	9	8
	5	8	9			3	1	4

Triplets

The opportunity for using triplets doesn't often arise but as you become more used to options, it can sometimes provide the breakthrough you need. Using triplets is very similar to twinning – it's just that the clues aren't quite as obvious.

Triplets are, as the name suggests, three boxes occurring in the same row, column or mini-grid, with the same three numbers as options (or a selection of those numbers as options).

Let's look at **column 9** in the grid. Here we have three different options in the top three boxes. At first it seems as though there is no relationship between them, but they are connected. The three boxes share the number options of the three numbers **1**, **2** and **5**. In any row, column or mini-grid, you're looking for three boxes that share three of the same number options (even though in one or two of the boxes only some of those number options will occur). It really doesn't matter that in **(column 9, row 3)** we only have options **(2, 5)**, the box is still one of the triplets.

So we have a set of triplets in **column 9**. This means that those three numbers will have to eventually be placed within those three boxes. Just as with twinning, those numbers (which in this case occur in both the same column *and* in the same mini-grid) cannot remain as options anywhere else in that column or mini-grid. So now we can delete the option numbers **1**, **2** and **5** in all other boxes in that mini-grid and column. Rubbing or crossing out those options means that we are left with number **9** to place in **(column 7, row 3)**. Crossing out all options for **9** in that row, column and mini-grid then gives us number **6** in **(column 7, row 2)**. Clever stuff, eh? Note that, even though we still can't resolve the triplet boxes, they have helped us elsewhere in the grid.

A SUPER-DIFFICULT PUZZLE FROM START TO FINISH

				5				3
	1					9		
		2			6			
8					7		5	
	6						1	
	9		3					4
			1			8		
		7					2	
4				9				

We start, as ever, with the easy methods – trying all of the numbers from **1** to **9**.

By now you should be used to the standard methods described in earlier sections, so we'll run through the quick stuff first of all. Using slicing and slotting down the **right stack of mini-grids**, we find **9** in **(column 8, row 7)**. Now fill in these numbers. Slicing and dicing with the **9s** across the **bottom band of mini-grids**, gives us another **9** in **(column 1, row 8)** and then another in **(column 3, row 1)** and a **9** again in **(column 4, row 3)**, **(column 6, row 5)** and finally in **(column 9, row 4)**. Now the **9s** have been completed. That's lucky.

Now slice and dice number **1** into the **bottom left mini-grid** at **(column 3, row 9)**, and again into **(column 1, row 6)**, **(column 5, row 4)** and finally into **(column 6, row 1)**.

		9	₂	5	1	₂		3
₃	1	₃	₂	₂₃	₂₃	9		₂
₃	₃	2	9	₃	6	₁		₁
8	₂₃	₃	₂	1	7	₂₃	5	9
₂₃	6	₃	₂	₂	9	₂₃	1	₂
1	9	3	₂	₂	₂			4
₂₃	₂₃	₃	1	₂₃	₂₃	8	9	
9	₃	7		₃	₃	₁	2	₁
4	₂₃	1	₂	9	₂₃		(3)	

The next job is to write in options for **1** (only two mini-grids without **1** remaining). Then for number **2** where no slicing and slotting is available and then for number **3**. Only when we reach the bottom right grid do we hit a lucky streak. Slicing and slotting down the **right stack** tells us that **3** can only be in **column 7** in the **middle right mini-grid**. Consequently, **column 7** cannot be an option for number **3** in the **bottom right mini-grid**, which means it must be placed in **(column 8, row 9)**. Remember to rub out the relevant number **3** options in that row, column and mini-grid.

C1	C2	C3	C4	C5	C6	C7	C8	C9
	4	**9**	24	**5**	**1**	~~2~~	4	**3**
35	**1**	345	24	234	234	**9**	4	25
35	345	**2**	**9**	34	**6**	**(1)**	4	~~5~~
8	234	34	24	**1**	**7**	23	**5**	**9**
235	**6**	345	245	24	**9**	23	**1**	2
1	**9**	5	**3**	2	25	2		**4**
235	235	35	**1**	234	2345	**8**	**9**	
9	35	**7**	~~5~~	3~~	3~~5~~	**(4)**	**2**	**(1)**
4	2	**1**	2	**9**	2	**(5)**	**3**	

We can now write our options for number **4**. In the **bottom right mini-grid** we can slice and dice the position for number **4** and then rub out the **4** options we've already placed in that row, column and mini-grid. This then gives us a **1** in **(column 9, row 8)** and another **1** in **(column 7, row 3)** – see Super-Difficult Tip, 'Rubbing out'. We've now placed all our **1s.** Excellent.

Continuing with number **5**, we can slice and slot the position of **5** in the **bottom right mini-grid** at **(column 7, row 9)** and then write in all options around the grid.

6 · 4 · **9**			24 · **5** · **1**			26 · 46 · **3**		
356 · **1** · 3456			24 · 234 · 234			**9** · 46 · 25		
35 · 345 · **2**			**9** · 34 · **6**			**1** · 4 · 5		
8 · 234 · 34			246 · **1** · **7**			236 · **5** · **9**		
235 · **6** · 345			245 · 24 · **9**			23 · **1** · 2		
1 · **9** · 5			**3** · 26 · 25			26 · 6 · **4**		
2356 · 235 · 356			**1** · 234 · 2345			**8** · **9** · ◯		
9 · 35 · **7**			56 · 36 · 35			**4** · **2** · **1**		
4 · 2 · **1**			2 · **9** · 2			**5** · **3** · ◯		

Now we can fill in the options for number **6**. The **bottom band of mini-grids** is interesting. The only number **6** options for the **bottom left mini-grid** are in **row 7**. This means that, by slicing and slotting, number **6** can't appear in the **bottom centre** or **bottom right mini-grid** in that row. In the **bottom right mini-grid** there are only two numbers, **6** and **7**, still to fill and one of the empty boxes is in **row 7**. We can't place a **6** in there, so number **6** in that grid must be placed in **(column 9, row 9)**. Consequently, number **7**, the only number left to complete that mini-grid, must be placed in **(column 9, row 7)**. Fill those numbers in now.

(6)	47	9	248	5	1	267	4678	3
356	1	(34568)	248	23478	2348	9	4678	258
35	3457	2	9	3478	6	1	478	58
8	234	34	246	1	7	236	5	9
(2357)	6	345	2458	248	9	23	1	28
1	9	(5)	3	268	258	267	678	4
2356	235	356	1	234	2345	8	9	7
9	358	7	568	368	358	4	2	1
4	28	1	(278)	9	28	5	3	6

Now we fill in our options for **7**. By simple slicing and dicing we can place a **7** at **(column 4, row 9)** and at **(column 1, row 5)**. Moving onto number **8**, we can slice and slot an **8** into **column 2** in the **bottom left mini-grid**. This means the **8** in the **top left mini-grid** can't be in **column 1** or **column 2**; and so must be entered at **(column 3, row 2)**. Of course, we've already completed the **9s**. So now we've finished entering all our options for all of our numbers, we can start to use other methods.

Let's look for lone numbers. In **(column 1, row 1)** we have a lone **6** so let's fill that in and cross out the options for **6** in that row, column and mini-grid. Then there is a lone **5** in **(column 3, row 6)** so complete the exercise again with that number.

6 / 47	**9**	248 / **5**	**1**	27 / 478	**3**
35 / **1**	**8**	24 / (2347)	234 / **9**	(467) / 25
35 / 3457 / **2**	**9** / 3478 / **6**	**1** / 478 / 58
8 / 234 / 34	246 / **1** / **7**	236 / **5** / **9**
7 / **6** / 34	2458 / 248 / **9**	23 / **1** / 28
1 / **9** / **5**	**3** / 268 / (28)	267 / (678) / **4**
(235) / 235 / (36)	**1** / 234 / 2345	**8** / **9** / **7**
9 / 358 / **7**	568 / 368 / 358	**4** / **2** / **1**
4 / (28) / **1**	**7** / **9** / (28)	**5** / **3** / **6**

We can now slice and dice number **6** into **(column 8, row 2)** and again into **(column 3, row 7)**. Of course, we could have also looked for the only occurrence of **6** in those mini-grids, which would have given us the same outcome. Fill them in now and cross out the other options. Looking at the options for **7** across **row 2**, we can see that the only place for a **7** is **(column 5, row 2)**. Put it in and cross out the other **7** options. Twinning with **(3, 5)** down **column 1** gives us a **2** in **(column 1, row 7)** (see Twinning Tip, page 240). By crossing out **2** options in that row and mini-grid we find an **8** in **(column 2, row 9)** which leads, in turn, to a **2** in **(column 6, row 9)**. Rubbing out those options again leads to an **8** in **(column 6, row 6)** and finally a **7** in **(column 8, row 6)**. Enough filling in for this grid. Let's move on so you can see it a touch clearer again.

6	(47)	9	(248)	5	1	(27)	(48)	3
(35)	1	8	(24)	7	(34)	9	6	(25)
(35)	(3457)	2	9	(348)	6	1	(48)	(58)
8	(234)	(34)	(246)	1	7	(236)	5	9
7	6	(34)	(245)	(24)	9	(23)	1	(28)
1	9	5	3	(26)	8	(26)	7	4
2	(35)	6	1	(34)	(345)	8	9	7
9	(35)	7	(568)	(368)	(35)	4	2	1
4	8	1	7	9	2	5	3	6

Now I'm going to concentrate on twinning to see how far it will take us. It's vitally important that as you place a number you immediately cross out the options for that number in its row, column and mini-grid. In **column 3** we have a twinned pair of **(3, 4)** in the same mini-grid, which means we can cross out any **3** or **4** number options in other boxes in that mini-grid and in that column. That gives us a **2** in **(column 2, row 4)**. Hooray. Now we can look at options for the **centre mini-grid**. There is only one box with an option for a **5** which must be placed in **(column 4, row 5)**. Write it in now. Working along **row 5**, there is now only one option for an **8** in **(column 9, row 5)**. Rubbing out **8s** in **column 9** gives us the solution to the other two numbers, completing that column. By crossing out options for the newly-placed **2** and **5**, we are left with a lone number **7** in **(column 7, row 1)**. Rub out other options again. Working along **row 3**, we now have a lone **3** in **(column 1, row 3)**, then **5** in **(column 1, row 2)** resolving the twinned pair which started this magnificent run of number placing in the first place. From there, by rubbing out options we have placed, we can complete the whole of the **top left mini-grid.** I'll let you do that before we move on to the next grid.

6	4	9	(28)	5	1	7	(8)	3
5	1	8	(4)	7	(34)	9	6	2
3	7	2	9	(48)	6	1	(48)	5
8	2	(34)	(46)	1	7	(36)	5	9
7	6	(34)	5	(24)	9	(23)	1	8
1	9	5	3	(26)	8	(26)	7	4
2	(35)	6	1	(34)	(345)	8	9	7
9	(35)	7	(68)	(368)	(35)	4	2	1
4	8	1	7	9	2	5	3	6

This is the point at which the whole Sudoku tumbles in front of your eyes. Fill in the lone numbers: **4** at **(column 4, row 2)** and also **8** at **(column 8, row 1)**. By crossing out the relevant options you can now complete the whole **top band of mini-**

6	4	9	2	5	1	7	8	3
5	1	8	4	7	3	9	6	2
3	7	2	9	8	6	1	4	5
8	2	4	6	1	7	3	5	9
7	6	3	5	4	9	2	1	8
1	9	5	3	2	8	6	7	4
2	5	6	1	3	4	8	9	7
9	3	7	8	6	5	4	2	1
4	8	1	7	9	2	5	3	6

grids. Then work down **column 4**, which gives up its answers easily. Complete the **middle left mini-grid** and then the **middle right mini-grid**. That leaves just the **centre mini-grid** and then the **bottom band**.

Check your answers with the finished grid. Well done. Notice how twinning was the secret that unlocked this particular super-difficult Sudoku.

Now it's time to put your new techniques to work.

Time: _____ Score: _____

Scoring: Less than 30 minutes = 15 points;
30–60 minutes = 10 points; over 60 minutes = 5 points

6	9	5	2	7	4	3	1	8
4	7	8	1	3	5	9	6	2
2	3	1	9	6	8	4	5	7
8	2	3	5	4	1	7	9	6
5	1	4	7	9	6	2	8	3
7	6	9	8	2	3	5	4	1
3	5	6	4	1	2	8	7	9
9	8	2	6	5	7	1	3	4
1	4	7	3	8	9	6	2	5

Time: _____   Score: _____

Scoring: Less than 30 minutes = 15 points;
30–60 minutes = 10 points; over 60 minutes = 5 points

2	4	5	7	1	8	6	9	3
7	9	8	6	3	4	2	5	1
6	3	1	5	9	2	4	8	7
3	8	6	2	7	5	1	4	9
1	5	7	3	4	9	8	6	2
9	2	4	8	6	1	7	3	5
8	6	3	9	2	7	5	1	4
5	1	2	4	8	3	9	7	6
4	7	9	1	5	6	3	2	8

Time:

Score:

*Scoring: Less than 30 minutes = 15 points;
30–60 minutes = 10 points; over 60 minutes = 5 points*

							8	2
				2			7	3
	2			7		9		
7				3	5	2		9
		5				7		
3		2	9	8	7			1
		9		4			5	
4	3		1					
	6							

Time: _____ Score: _____

Scoring: Less than 30 minutes = 15 points;
30–60 minutes = 10 points; over 60 minutes = 5 points

7	4	9	2	8	6	1	5	8
6	3	1	5	4	8	9	7	2
2	5	8	7	1	9	6	4	9
5	8	7	2	3	1	3	9	4
3	9	2	4	7	8	5	6	1
1	6	4	9	5	3	7	2	8
8	1	5	6	2	4	9	3	7
4	7	3	1	9	5	2	8	6
9	2	6	3	8	7	4	1	5

Time:

Score:

Scoring: Less than 30 minutes = 15 points;
30–60 minutes = 10 points; over 60 minutes = 5 points

			1			3	2	
				5	6			
		9			2			1
	7			2			5	3
6		3	5		1	7		2
9	2			8			6	
2			8			9		
			2	3				
	3	7			5			

Time: _____   Score: _____

Scoring: Less than 30 minutes = 15 points;
30–60 minutes = 10 points; over 60 minutes = 5 points

1	6	5	3	2	8	4	9	7
3	2	7	4	5	9	8	6	1
8	9	4	6	1	7	3	5	2
9	7	1	2	8	4	5	3	6
6	5	8	9	7	3	1	2	4
4	3	2	1	6	5	9	7	8
2	4	6	5	9	1	7	8	3
7	1	9	8	3	6	2	4	5
5	8	3	7	4	2	6	1	9

Time: _____   Score: _____

Scoring: Less than 30 minutes = 15 points;
30–60 minutes = 10 points; over 60 minutes = 5 points

		7		4	1		2	
		8	9			3	1	
6			4			5	8	
		5	2	3	9	6		
	4	9			6			3
	5	3			2	4		
	8		6	5		7		

Time: ☐   Score: ☐

Scoring: Less than 30 minutes = 15 points;
30–60 minutes = 10 points; over 60 minutes = 5 points

		7					6	
					8	1	2	7
		1			3	4	8	
			9	8			4	
	9						5	
	5			2	6			
	4	9	8			3		
5	2	3	7					
	7					5		

Time: Score:

Scoring: Less than 30 minutes = 15 points;
30–60 minutes = 10 points; over 60 minutes = 5 points

			1			3		
2					7		8	6
1	7						4	5
			3				9	1
			7	2	9			
7	9				6			
8	5						6	4
9	2		8					3
		3			5			

Time: [   ]   Score: [   ]

Scoring: Less than 30 minutes = 15 points;
30–60 minutes = 10 points; over 60 minutes = 5 points

8					2		7	
				8	1	9		
			6			3		2
3				7		1	9	
		5				4		
	4	9		3				8
1		3			8			
		6	2	1				
	2		4					3

Time: _____   Score: _____

Scoring: Less than 30 minutes = 15 points;
30–60 minutes = 10 points; over 60 minutes = 5 points

							5	
					2		8	9
5	6		8	7				
					9		3	8
		4	3		5	2		
2	3		1					
				9	3		4	1
9	7		2					
	5							

Time: _____   Score: _____

Scoring: Less than 30 minutes = 15 points;
30–60 minutes = 10 points; over 60 minutes = 5 points

								6
	3		1			7		
			2	3	5	1		9
	7				8	3	9	
			9		7			
	8	5	3				4	
4	1	3	6	8				
		2			1		5	
6								

Time: _____   Score: _____

Scoring: Less than 30 minutes = 15 points;
30–60 minutes = 10 points; over 60 minutes = 5 points

					8			6
			9			2		7
			2		4		8	
4		8	1			7		
	6	5				9	3	
		9			7	5		8
	1		3		5			
5		7			6			
9			7					

Time: _____   Score: _____

Scoring: Less than 35 minutes = 15 points;
35–70 minutes = 10 points; over 70 minutes = 5 points

2								
				1		2		
4	9		5	2		8		
	5		7		4		8	
9	7						5	2
	3		2		9		1	
		5		9	1		2	4
		9		3				
								3

Time: _____   Score: _____

Scoring: Less than 35 minutes = 15 points;
35–70 minutes = 10 points; over 70 minutes = 5 points

		1		3	7	4		9
8		9	5	1		6		
			4				3	1
		4		9		8		
1	2				8			
		3		8	2	1		5
6		5	1	7		2		

Time: Score:

Scoring: Less than 35 minutes = 15 points;
35–70 minutes = 10 points; over 70 minutes = 5 points

	4	9		8				
		3			5			
6	5		1	9				
			7	4		2		6
	9						8	
8		6		1	2			
				3	6		2	8
			4			5		
				2		4	1	

Time: [　　　　　　]   Score: [　　　　　　]

Scoring: Less than 35 minutes = 15 points;
35–70 minutes = 10 points; over 70 minutes = 5 points

			7					
9		6						1
			1			4	3	
		8			9			5
3		9		2		7		6
2			8			9		
	2	7			4			
1						5		7
					6			

Time: [   ]   Score: [   ]

Scoring: Less than 35 minutes = 15 points;
35–70 minutes = 10 points; over 70 minutes = 5 points

7								
			7			8		
1			3		5		7	2
5		9	2			6		
		1	8		7	9		
		4			3	5		7
2	4		5		6			3
		5			2			
								6

Time: [   ]   Score: [   ]

Scoring: Less than 35 minutes = 15 points;
35–70 minutes = 10 points; over 70 minutes = 5 points

						9	4	
	9		5					
		3		9		1		6
		1		6		3	2	
	4		1		3		8	
	3	8		7		6		
3		9		5		8		
					2		6	
	2	7						

Time: [ ]   Score: [ ]

Scoring: Less than 35 minutes = 15 points;
35–70 minutes = 10 points; over 70 minutes = 5 points

	3							
				1				9
			3		2		5	8
6	8				9	2		
5		3				8		1
		2	7				9	5
1	7		8		6			
9				2				
							6	

Time: _____   Score: _____

Scoring: Less than 35 minutes = 15 points;
35–70 minutes = 10 points; over 70 minutes = 5 points

					5			
8					6		2	
6		3	7			4	9	
			2	7		1		3
			6		4			
1		7		3	8			
	8	2			7	9		6
	9		8					7
			1					

Time: _____   Score: _____

Scoring: Less than 35 minutes = 15 points;
35–70 minutes = 10 points; over 70 minutes = 5 points

							2	
				2	3	1		9
6			5			8	3	
	1	4		9				
9			7		2			8
				4		9	6	
	7	1			5			2
2		5	8	1				
	8							

Time: [   ]   Score: [   ]

Scoring: Less than 45 minutes = 15 points;
45–90 minutes = 10 points; over 90 minutes = 5 points

184

	1		4					
			8				6	2
2		9		6			7	
1		3	2	9				
	4	2				8	3	
				3	8	2		4
	2			8		3		7
3	5				9			
							2	

Time: _____   Score: _____

Scoring: Less than 45 minutes = 15 points;
45–90 minutes = 10 points; over 90 minutes = 5 points

					4		9	6
					1			
		5	3		9	8		1
	4	1				9		
7	2						5	4
		9				7	6	
3		8	5		7	4		
			6					
2	9		4					

Time: _____   Score: _____

Scoring: Less than 45 minutes = 15 points;
45–90 minutes = 10 points; over 90 minutes = 5 points

		1			4			9
								5
	4	9		2	6		7	
1		4	6					
	2						9	
					7	1		8
	7		8	6		9	5	
5								
8			4			2		

Time: [   ]   Score: [   ]

Scoring: Less than 45 minutes = 15 points;
45–90 minutes = 10 points; over 90 minutes = 5 points

						9		
				9	5	4		
	5		3			6		7
					3			9
	8		9		1		5	
6			7					
7		1			2		8	
		8	5	4				
		3						

Time: [　　　　]   Score: [　　　　]

Scoring: Less than 45 minutes = 15 points;
45–90 minutes = 10 points; over 90 minutes = 5 points

188

				2	6	5		1
						6	7	4
	7		6	8	4			
6	4	7		1	8	5		
	1	9	4			3		
1	2	6						
7		5	3	1				

Time: [   ]   Score: [   ]

Scoring: Less than 45 minutes = 15 points;
45–90 minutes = 10 points; over 90 minutes = 5 points

				6		8		
				5		2	7	9
	4		7		3			
8	5	4		1				2
	9						8	
3				2		5	9	7
			6		8		5	
5	6	3		9				
		1		4				

Time: [ ]   Score: [ ]

Scoring: Less than 45 minutes = 15 points;
45–90 minutes = 10 points; over 90 minutes = 5 points

					1			
3							6	7
		7	8	3				9
				2	7		1	6
		8				9		
2	6		3	9				
5				8	9	2		
4	2							1
			7					

Time: _____   Score: _____

Scoring: Less than 45 minutes = 15 points;
45–90 minutes = 10 points; over 90 minutes = 5 points

	5							
							6	
			2		1	4	9	5
	3	8			7	1		
7			9	8	5			6
		4	6			7	2	
3	8	9	7		2			
	1							
						7		

Time: _____   Score: _____

Scoring: Less than 45 minutes = 15 points;
45–90 minutes = 10 points; over 90 minutes = 5 points

	7		5	8			1	6
		6		4		9		5
				9	5	7		8
	8		7	6	4		3	
9		7	8	3				
7		3		1		5		
1	4			5	9		2	

Time: [ ]   Score: [ ]

Scoring: Less than 45 minutes = 15 points;
45–90 minutes = 10 points; over 90 minutes = 5 points

								8
			7				1	9
				8		2		3
		6			4		3	
	1	9		3		5	4	
	7		6			8		
3		8		9				
5	2				1			
1								

Time: _____ Score: _____

Scoring: Less than 45 minutes = 15 points;
45–90 minutes = 10 points; over 90 minutes = 5 points

287

			2	9		1		
5							6	
	6		8				3	
		4	6		3			2
	3	6				7	5	
2			4		9	3		
	7				1		2	
	9							3
		8		3	2			

Time: [   ]   Score: [   ]

Scoring: Less than 45 minutes = 15 points;
45–90 minutes = 10 points; over 90 minutes = 5 points

3	6	9	5	8	2	7	8	4
2	5	8	7	4	6	1	9	3
7	1	4	3	9	58	6	8	2
8	3	75	58	6	9	4	2	1
6	8	71	18	2	3	97	97	5
9	2	5	4	75	75	8	3	6
58	9	6	2	85	1	3	4	7
1	7	2	9	3	4	5	6	8
45	48	3	6	87	75	2	1	9

Time: [   ]   Score: [   ]

Scoring: Less than 45 minutes = 15 points;
45–90 minutes = 10 points; over 90 minutes = 5 points

196

			4					
				6	1	8		4
4	7		3	8		9		
	6					2	7	3
1	9	2					5	
	3			5	7		8	1
7		9	6	3				
					4			

Time: _____   **Score:** _____

Scoring: Less than 45 minutes = 15 points;
45–90 minutes = 10 points; over 90 minutes = 5 points

			1					6
				9	4		1	7
						3	8	9
				5			6	2
	4		8		7		3	
3	7			6				
5	1	4						
2	6		9	3				
7					8			

Time: Score:

Scoring: Less than 45 minutes = 15 points;
45–90 minutes = 10 points; over 90 minutes = 5 points

7	4	5	8	1	9	3	2	6
8	2	9	5	6	3	4	7	1
3	1	6	2	4	7	9	8	5
6	8	1	9	7	2	5	3	4
9	3	4	1	5	8	7	6	2
2	5	7	4	3	6	1	9	8
1	6	2	7	9	5	8	4	3
4	7	8	3	2	1	6	5	9
5	9	3	6	8	4	2	1	7

Time: [   ]   Score: [   ]

Scoring: Less than 45 minutes = 15 points;
45–90 minutes = 10 points; over 90 minutes = 5 points

				3		8	7	5
4					7			
			2		9			
	5		6			1		
	6						3	
		1			5		2	
		4		8				
		3						7
8	3	9		1				

Time: [   ]   Score: [   ]

Scoring: Less than 60 minutes = 15 points;
60–120 minutes = 10 points; over 120 minutes = 5 points

200

			3	9		2	8	
	4			2	1		9	3
6				7		9		
9			5		2			6
		5		6				1
1	8		2	5			3	
	6	4		1	8			

Time: _____   Score: _____

Scoring: Less than 60 minutes = 15 points;
60–120 minutes = 10 points; over 120 minutes = 5 points

ANSWERS

2	5	4	3	1	6	8	9	7
7	6	3	9	8	5	1	2	4
1	9	8	4	2	7	6	5	3
9	8	1	7	5	3	2	4	6
6	3	2	8	4	9	7	1	5
5	4	7	2	6	1	9	3	8
4	7	5	6	9	2	3	8	1
3	1	9	5	7	8	4	6	2
8	2	6	1	3	4	5	7	9

Score: _____

7	4	6	2	9	1	5	8	3
8	5	2	7	6	3	1	4	9
9	1	3	8	5	4	2	6	7
1	9	4	3	8	7	6	5	2
6	2	8	9	4	5	3	7	1
5	3	7	6	1	2	8	9	4
2	7	5	4	3	8	9	1	6
3	6	1	5	7	9	4	2	8
4	8	9	1	2	6	7	3	5

Score: _____

6	1	2	3	9	4	8	5	7
7	9	5	8	6	1	3	2	4
3	8	4	5	2	7	6	9	1
9	7	3	6	8	5	4	1	2
1	5	8	2	4	3	9	7	6
4	2	6	7	1	9	5	3	8
5	3	1	4	7	6	2	8	9
2	6	7	9	3	8	1	4	5
8	4	9	1	5	2	7	6	3

Score: _____

3	9	2	5	1	6	4	8	7
1	7	5	8	3	4	2	9	6
8	4	6	2	9	7	3	5	1
9	1	8	4	7	3	6	2	5
7	6	3	1	2	5	8	4	9
2	5	4	9	6	8	7	1	3
5	3	1	6	8	2	9	7	4
4	2	7	3	5	9	1	6	8
6	8	9	7	4	1	5	3	2

Score: _____

1	8	5	2	9	4	7	3	6
9	7	3	6	8	5	2	4	1
6	4	2	1	3	7	9	8	5
2	3	4	8	6	1	5	7	9
7	6	1	9	5	3	4	2	8
8	5	9	7	4	2	6	1	3
3	1	7	5	2	9	8	6	4
5	2	6	4	1	8	3	9	7
4	9	8	3	7	6	1	5	2

Score: _____

7	8	3	2	6	9	5	4	1
6	5	2	1	4	8	7	3	9
4	9	1	3	5	7	6	8	2
1	7	5	6	8	3	2	9	4
3	2	8	7	9	4	1	5	6
9	4	6	5	2	1	8	7	3
2	3	9	8	7	6	4	1	5
8	6	4	9	1	5	3	2	7
5	1	7	4	3	2	9	6	8

Score: _____

7 EASY

4	7	6	5	1	8	9	3	2
1	5	8	2	9	3	4	6	7
2	9	3	4	6	7	5	8	1
3	4	7	1	5	9	6	2	8
9	8	5	3	2	6	1	7	4
6	1	2	7	8	4	3	9	5
5	3	9	8	7	1	2	4	6
7	2	4	6	3	5	8	1	9
8	6	1	9	4	2	7	5	3

Score: _____

8 EASY

1	8	6	5	9	4	7	2	3
4	5	3	2	7	8	6	1	9
9	7	2	1	6	3	5	8	4
7	3	8	9	1	6	4	5	2
5	4	9	7	8	2	1	3	6
2	6	1	3	4	5	8	9	7
3	1	7	6	5	9	2	4	8
6	2	4	8	3	1	9	7	5
8	9	5	4	2	7	3	6	1

Score: _____

9 EASY

1	2	5	6	3	8	7	9	4
9	6	8	4	7	1	3	5	2
7	4	3	2	5	9	8	6	1
2	3	9	5	8	7	1	4	6
8	5	4	9	1	6	2	3	7
6	7	1	3	2	4	5	8	9
3	9	7	8	4	2	6	1	5
4	8	2	1	6	5	9	7	3
5	1	6	7	9	3	4	2	8

Score: _____

10 EASY

5	2	9	6	3	7	8	4	1
7	6	1	8	9	4	3	5	2
3	8	4	1	2	5	9	7	6
9	3	8	4	5	6	1	2	7
4	1	5	2	7	3	6	8	9
6	7	2	9	1	8	4	3	5
1	5	7	3	8	9	2	6	4
8	9	6	7	4	2	5	1	3
2	4	3	5	6	1	7	9	8

Score: _____

11 EASY

3	2	4	5	8	6	1	7	9
1	7	5	4	2	9	3	8	6
8	9	6	7	3	1	5	4	2
4	1	3	9	6	5	8	2	7
2	8	9	3	1	7	6	5	4
6	5	7	2	4	8	9	1	3
5	4	2	1	9	3	7	6	8
9	6	1	8	7	4	2	3	5
7	3	8	6	5	2	4	9	1

Score: _____

12 EASY

4	1	8	3	5	6	7	2	9
2	7	5	9	1	8	6	4	3
9	6	3	4	7	2	1	5	8
5	8	4	6	9	3	2	7	1
3	2	7	8	4	1	5	9	6
6	9	1	7	2	5	3	8	4
8	5	9	1	6	7	4	3	2
7	3	6	2	8	4	9	1	5
1	4	2	5	3	9	8	6	7

Score: _____

13 EASY

3	7	8	9	1	6	2	5	4
9	1	6	4	5	2	7	8	3
5	4	2	7	8	3	9	6	1
6	5	4	3	9	7	8	1	2
7	3	1	5	2	8	4	9	6
2	8	9	1	6	4	3	7	5
8	6	7	2	3	1	5	4	9
4	9	3	6	7	5	1	2	8
1	2	5	8	4	9	6	3	7

Score: _____

14 EASY

2	3	1	8	9	7	6	5	4
9	6	8	5	1	4	2	7	3
4	7	5	3	2	6	8	1	9
7	4	9	6	8	2	5	3	1
3	5	6	7	4	1	9	2	8
1	8	2	9	3	5	7	4	6
5	2	3	1	6	9	4	8	7
8	9	4	2	7	3	1	6	5
6	1	7	4	5	8	3	9	2

Score: _____

15 EASY

6	3	9	4	8	7	1	5	2
1	4	5	6	9	2	3	7	8
2	8	7	5	1	3	4	6	9
5	9	6	8	3	1	7	2	4
8	2	4	7	6	5	9	1	3
3	7	1	9	2	4	6	8	5
9	6	3	1	5	8	2	4	7
4	5	2	3	7	6	8	9	1
7	1	8	2	4	9	5	3	6

Score: _____

16 EASY

8	9	6	4	2	1	7	5	3
4	7	1	5	9	3	8	6	2
3	5	2	6	8	7	9	1	4
2	1	4	3	5	8	6	7	9
6	3	5	9	7	2	1	4	8
7	8	9	1	6	4	3	2	5
1	4	7	2	3	9	5	8	6
9	6	8	7	4	5	2	3	1
5	2	3	8	1	6	4	9	7

Score: _____

17 EASY

9	5	8	2	6	3	4	7	1
7	4	2	9	1	8	3	6	5
1	3	6	5	4	7	9	2	8
2	9	3	8	5	4	7	1	6
6	8	7	1	9	2	5	3	4
4	1	5	3	7	6	2	8	9
5	2	9	6	3	1	8	4	7
3	7	1	4	8	9	6	5	2
8	6	4	7	2	5	1	9	3

Score: _____

18 EASY

7	5	2	9	1	3	4	8	6
9	1	4	6	8	5	3	7	2
6	8	3	2	7	4	1	9	5
1	2	6	4	5	8	7	3	9
4	7	5	3	6	9	2	1	8
8	3	9	7	2	1	6	5	4
5	4	7	1	9	2	8	6	3
2	9	1	8	3	6	5	4	7
3	6	8	5	4	7	9	2	1

Score: _____

19 EASY

2	3	6	5	1	7	9	8	4
5	9	4	3	6	8	1	7	2
8	1	7	2	9	4	5	6	3
4	7	9	6	2	3	8	5	1
6	5	3	9	8	1	2	4	7
1	8	2	4	7	5	3	9	6
9	2	1	7	5	6	4	3	8
7	4	8	1	3	9	6	2	5
3	6	5	8	4	2	7	1	9

Score: _____

20 EASY

1	2	5	3	9	8	7	4	6
6	8	7	5	1	4	2	3	9
9	3	4	6	2	7	8	1	5
7	4	1	9	8	5	3	6	2
8	5	6	1	3	2	9	7	4
3	9	2	7	4	6	5	8	1
2	6	8	4	5	3	1	9	7
4	1	3	2	7	9	6	5	8
5	7	9	8	6	1	4	2	3

Score: _____

21 EASY

9	5	8	2	7	6	1	3	4
7	3	2	9	1	4	8	5	6
4	1	6	5	3	8	7	2	9
2	4	5	6	8	1	9	7	3
8	6	3	4	9	7	5	1	2
1	9	7	3	2	5	4	6	8
3	2	1	7	4	9	6	8	5
5	7	4	8	6	3	2	9	1
6	8	9	1	5	2	3	4	7

Score: _____

22 EASY

3	2	1	8	9	5	7	6	4
4	7	5	1	6	2	3	9	8
9	8	6	7	3	4	1	2	5
1	6	9	2	5	7	8	4	3
5	3	7	4	8	9	2	1	6
2	4	8	3	1	6	9	5	7
7	5	4	9	2	3	6	8	1
8	9	3	6	4	1	5	7	2
6	1	2	5	7	8	4	3	9

Score: _____

23 EASY

9	3	1	7	8	4	5	2	6
2	6	7	5	1	3	8	9	4
5	8	4	9	6	2	1	3	7
1	5	6	4	2	7	9	8	3
7	2	8	6	3	9	4	5	1
4	9	3	8	5	1	7	6	2
6	1	9	2	4	5	3	7	8
3	7	2	1	9	8	6	4	5
8	4	5	3	7	6	2	1	9

Score: _____

24 EASY

2	6	1	7	5	3	4	8	9
9	7	3	1	4	8	2	6	5
5	8	4	2	9	6	3	1	7
6	5	9	3	2	4	8	7	1
4	1	7	6	8	5	9	3	2
3	2	8	9	7	1	6	5	4
8	3	5	4	1	2	7	9	6
7	4	6	5	3	9	1	2	8
1	9	2	8	6	7	5	4	3

Score: _____

25 EASY

9	6	3	8	1	4	2	5	7
4	2	5	7	9	3	8	6	1
7	1	8	2	6	5	3	4	9
1	8	7	6	4	2	9	3	5
6	5	9	1	3	8	7	2	4
3	4	2	9	5	7	1	8	6
5	7	6	3	2	1	4	9	8
2	9	1	4	8	6	5	7	3
8	3	4	5	7	9	6	1	2

Score: _____

26 EASY

8	2	5	1	7	3	4	6	9
6	7	1	8	9	4	2	5	3
3	9	4	2	6	5	1	8	7
9	1	3	7	8	6	5	4	2
7	4	2	5	3	1	6	9	8
5	8	6	4	2	9	7	3	1
1	3	8	6	5	2	9	7	4
4	5	7	9	1	8	3	2	6
2	6	9	3	4	7	8	1	5

Score: _____

27 EASY

4	3	5	8	7	6	2	9	1
1	2	9	5	4	3	8	6	7
7	8	6	1	2	9	5	3	4
8	9	4	3	6	2	1	7	5
3	6	1	7	5	4	9	2	8
2	5	7	9	8	1	3	4	6
6	1	3	4	9	5	7	8	2
5	4	8	2	3	7	6	1	9
9	7	2	6	1	8	4	5	3

Score: _____

28 EASY

4	8	2	7	5	1	3	9	6
3	1	7	9	4	6	2	5	8
9	6	5	3	2	8	7	1	4
6	9	8	5	1	2	4	7	3
5	7	1	8	3	4	6	2	9
2	3	4	6	9	7	1	8	5
1	4	9	2	6	5	8	3	7
8	5	6	1	7	3	9	4	2
7	2	3	4	8	9	5	6	1

Score: _____

29 EASY

5	4	9	2	6	1	3	8	7
3	8	2	4	7	5	1	9	6
6	7	1	8	9	3	5	4	2
8	5	4	3	2	7	9	6	1
1	3	7	9	8	6	2	5	4
2	9	6	5	1	4	8	7	3
9	2	3	6	4	8	7	1	5
7	6	5	1	3	9	4	2	8
4	1	8	7	5	2	6	3	9

Score: _____

30 EASY

2	8	4	1	3	5	7	6	9
3	6	5	9	2	7	4	8	1
9	1	7	4	6	8	5	2	3
5	7	3	2	4	9	8	1	6
6	9	2	8	7	1	3	4	5
1	4	8	6	5	3	9	7	2
7	5	1	3	8	6	2	9	4
8	2	9	5	1	4	6	3	7
4	3	6	7	9	2	1	5	8

Score: _____

31 EASY

4	7	1	6	3	8	9	5	2
3	5	2	9	4	1	8	6	7
6	8	9	2	7	5	4	1	3
8	3	7	1	9	6	5	2	4
1	4	5	7	2	3	6	8	9
2	9	6	5	8	4	7	3	1
9	6	8	4	1	2	3	7	5
7	2	3	8	5	9	1	4	6
5	1	4	3	6	7	2	9	8

Score: _____

32 EASY

5	9	7	2	8	3	6	4	1
1	2	6	9	7	4	3	5	8
3	8	4	6	1	5	2	7	9
6	4	9	3	2	7	1	8	5
7	3	5	1	9	8	4	6	2
2	1	8	4	5	6	7	9	3
8	5	2	7	6	1	9	3	4
4	6	1	8	3	9	5	2	7
9	7	3	5	4	2	8	1	6

Score: _____

33 EASY

8	2	3	6	1	7	5	9	4
5	7	1	2	4	9	6	8	3
4	9	6	5	3	8	2	1	7
7	1	8	9	6	4	3	5	2
3	6	5	8	2	1	4	7	9
2	4	9	3	7	5	1	6	8
9	8	2	1	5	3	7	4	6
6	5	4	7	9	2	8	3	1
1	3	7	4	8	6	9	2	5

Score: _____

34 EASY

3	9	8	5	7	2	4	6	1
2	6	7	4	3	1	9	8	5
1	5	4	9	6	8	2	3	7
7	2	9	1	8	6	3	5	4
8	4	1	3	5	9	6	7	2
6	3	5	2	4	7	8	1	9
9	7	6	8	2	5	1	4	3
5	1	3	6	9	4	7	2	8
4	8	2	7	1	3		9	6

Score: _____

35 EASY

6	1	4	2	9	7	3	5	8
7	2	8	3	5	6	1	9	4
5	9	3	8	1	4	7	2	6
9	4	6	1	8	5	2	7	3
2	7	5	6	4	3	8	1	9
8	3	1	7	2	9	6	4	5
3	6	9	4	7	1	5	8	2
1	5	2	9	6	8	4	3	7
4	8	7	5	3	2	9	6	1

Score: _____

36 EASY

2	3	9	1	8	6	7	5	4
5	4	1	2	7	3	8	6	9
8	6	7	9	5	4	1	3	2
4	7	2	6	3	5	9	1	8
6	1	8	7	4	9	5	2	3
3	9	5	8	1	2	4	7	6
1	2	6	5	9	8	3	4	7
7	8	3	4	6	1	2	9	5
9	5	4	3	2	7	6	8	1

Score: _____

37 EASY

4	3	2	8	6	9	7	1	5
5	1	8	3	2	7	6	4	9
9	7	6	4	5	1	2	3	8
8	2	5	1	4	3	9	7	6
1	6	3	7	9	2	8	5	4
7	4	9	6	8	5	1	2	3
3	5	1	9	7	6	4	8	2
6	8	7	2	3	4	5	9	1
2	9	4	5	1	8	3	6	7

Score: _____

38 EASY

7	8	1	5	4	6	3	2	9
9	6	4	8	2	3	5	1	7
2	5	3	1	7	9	4	8	6
1	3	2	6	9	7	8	5	4
5	7	8	4	1	2	9	6	3
4	9	6	3	5	8	1	7	2
3	2	5	9	6	1	7	4	8
6	4	9	7	8	5	2	3	1
8	1	7	2	3	4	6	9	5

Score: _____

39 EASY

3	2	6	1	9	7	8	5	4
9	8	5	3	4	2	7	1	6
4	7	1	6	5	8	3	2	9
1	3	9	2	7	4	6	8	5
7	5	2	8	1	6	4	9	3
8	6	4	5	3	9	2	7	1
2	9	8	4	6	1	5	3	7
5	4	7	9	8	3	1	6	2
6	1	3	7	2	5	9	4	8

Score: _____

40 EASY

2	7	1	5	9	4	6	8	3
5	6	4	3	2	8	7	1	9
8	9	3	7	6	1	4	5	2
4	2	6	9	8	7	5	3	1
9	1	5	2	3	6	8	4	7
7	3	8	4	1	5	9	2	6
3	4	2	8	7	9	1	6	5
1	8	7	6	5	2	3	9	4
6	5	9	1	4	3	2	7	8

Score: _____

41 EASY

1	7	2	9	5	6	3	8	4
9	4	3	7	8	1	5	2	6
8	6	5	3	2	4	9	7	1
2	1	8	6	3	5	7	4	9
3	5	7	2	4	9	6	1	8
4	9	6	1	7	8	2	5	3
6	8	9	5	1	7	4	3	2
7	3	1	4	6	2	8	9	5
5	2	4	8	9	3	1	6	7

Score: _____

42 EASY

1	7	4	3	6	8	9	2	5
5	8	3	2	4	9	6	1	7
6	9	2	1	7	5	3	8	4
7	5	9	8	2	3	4	6	1
8	3	6	7	1	4	2	5	9
2	4	1	9	5	6	8	7	3
9	6	7	5	3	2	1	4	8
3	2	5	4	8	1	7	9	6
4	1	8	6	9	7	5	3	2

Score: _____

43 EASY

4	1	3	2	6	7	5	9	8
2	9	7	5	8	3	4	1	6
8	6	5	9	4	1	7	2	3
1	3	2	8	7	6	9	5	4
6	7	9	4	3	5	2	8	1
5	4	8	1	2	9	6	3	7
7	5	1	6	9	8	3	4	2
9	2	6	3	1	4	8	7	5
3	8	4	7	5	2	1	6	9

Score: _____

44 EASY

8	6	3	9	7	1	2	4	5
5	9	1	2	4	3	6	8	7
2	4	7	8	6	5	9	3	1
9	1	2	3	5	7	8	6	4
3	7	8	4	9	6	5	1	2
4	5	6	1	8	2	3	7	9
6	2	5	7	1	8	4	9	3
7	8	4	5	3	9	1	2	6
1	3	9	6	2	4	7	5	8

Score: _____

45 EASY

3	1	2	8	5	9	7	4	6
6	7	5	3	4	1	9	8	2
9	4	8	7	2	6	1	5	3
1	8	9	2	6	7	5	3	4
4	2	6	9	3	5	8	7	1
5	3	7	1	8	4	2	6	9
8	5	1	6	9	3	4	2	7
2	9	3	4	7	8	6	1	5
7	6	4	5	1	2	3	9	8

Score: _____

46 EASY

9	8	7	4	1	5	2	3	6
6	3	4	9	2	8	5	1	7
5	1	2	3	6	7	4	9	8
4	6	9	8	5	1	3	7	2
1	2	3	7	9	6	8	4	5
8	7	5	2	4	3	1	6	9
3	4	6	5	8	9	7	2	1
7	9	8	1	3	2	6	5	4
2	5	1	6	7	4	9	8	3

Score: _____

47 EASY

3	9	1	5	7	2	4	6	8
4	5	8	1	6	3	9	7	2
2	6	7	9	8	4	1	5	3
6	7	3	4	5	9	8	2	1
8	4	9	2	1	7	5	3	6
5	1	2	6	3	8	7	9	4
1	2	6	7	4	5	3	8	9
9	8	5	3	2	1	6	4	7
7	3	4	8	9	6	2	1	5

Score: _____

48 EASY

1	7	9	3	5	8	4	6	2
3	5	4	1	6	2	7	9	8
8	2	6	4	9	7	3	5	1
4	1	7	5	8	6	9	2	3
6	9	5	2	1	3	8	7	4
2	3	8	9	7	4	6	1	5
9	6	1	8	3	5	2	4	7
5	4	3	7	2	9	1	8	6
7	8	2	6	4	1	5	3	9

Score: _____

49 EASY

4	1	6	9	5	2	7	8	3
8	2	5	3	7	1	9	4	6
3	9	7	8	6	4	2	5	1
9	6	8	2	4	5	1	3	7
2	4	1	7	3	8	5	6	9
5	7	3	1	9	6	4	2	8
6	3	4	5	1	7	8	9	2
7	5	2	6	8	9	3	1	4
1	8	9	4	2	3	6	7	5

Score: _____

50 EASY

8	6	1	2	4	5	7	9	3
2	5	7	9	3	8	1	6	4
3	4	9	6	1	7	2	8	5
7	3	8	1	2	9	5	4	6
4	1	5	7	8	6	9	3	2
9	2	6	4	5	3	8	7	1
5	9	2	3	7	4	6	1	8
1	7	4	8	6	2	3	5	9
6	8	3	5	9	1	4	2	7

Score: _____

51 MEDIUM

4	5	6	3	7	9	8	1	2
9	7	2	6	1	8	4	5	3
8	1	3	2	4	5	9	6	7
2	6	4	5	9	7	3	8	1
3	8	7	4	2	1	5	9	6
5	9	1	8	3	6	2	7	4
1	4	8	7	5	2	6	3	9
7	3	5	9	6	4	1	2	8
6	2	9	1	8	3	7	4	5

Score: _____

52 MEDIUM

4	3	9	1	7	5	6	8	2
8	1	6	9	3	2	4	7	5
7	5	2	8	6	4	9	3	1
1	2	8	4	5	3	7	9	6
3	7	4	6	2	9	5	1	8
9	6	5	7	1	8	3	2	4
6	9	7	2	4	1	8	5	3
2	4	3	5	8	7	1	6	9
5	8	1	3	9	6	2	4	7

Score: _____

53 MEDIUM

6	1	4	8	9	3	7	5	2
7	9	3	5	1	2	8	4	6
5	2	8	4	7	6	1	9	3
2	7	6	3	5	1	9	8	4
4	5	9	6	8	7	3	2	1
3	8	1	2	4	9	5	6	7
1	4	7	9	6	8	2	3	5
9	3	5	7	2	4	6	1	8
8	6	2	1	3	5	4	7	9

Score: _____

54 MEDIUM

8	1	7	9	3	4	6	5	2
6	5	3	7	1	2	8	4	9
9	4	2	6	8	5	7	1	3
2	7	4	5	9	8	1	3	6
5	8	9	1	6	3	4	2	7
3	6	1	4	2	7	5	9	8
7	9	5	2	4	6	3	8	1
4	2	8	3	7	1	9	6	5
1	3	6	8	5	9	2	7	4

Score: _____

55 MEDIUM

6	2	3	5	9	8	7	1	4
7	4	8	3	6	1	2	9	5
9	5	1	7	4	2	8	6	3
8	1	7	6	5	4	9	3	2
5	3	6	1	2	9	4	8	7
4	9	2	8	7	3	6	5	1
3	7	5	4	8	6	1	2	9
2	8	4	9	1	5	3	7	6
1	6	9	2	3	7	5	4	8

Score: _____

56 MEDIUM

2	5	4	6	8	3	1	9	7
9	3	8	1	5	7	2	4	6
6	1	7	9	2	4	3	5	8
8	2	6	4	3	5	9	7	1
3	9	5	7	1	6	8	2	4
7	4	1	8	9	2	6	3	5
4	6	9	3	7	8	5	1	2
1	7	2	5	6	9	4	8	3
5	8	3	2	4	1	7	6	9

Score: _____

57 MEDIUM

4	9	3	6	1	2	8	5	7
6	8	7	4	5	9	2	1	3
2	1	5	3	7	8	9	4	6
8	4	2	5	3	1	7	6	9
5	3	9	7	8	6	1	2	4
1	7	6	2	9	4	5	3	8
3	5	4	9	2	7	6	8	1
9	6	8	1	4	5	3	7	2
7	2	1	8	6	3	4	9	5

Score: _____

58 MEDIUM

2	8	7	9	5	3	1	6	4
1	5	4	2	6	7	3	8	9
9	3	6	4	1	8	7	2	5
7	4	1	6	9	2	5	3	8
6	9	3	8	4	5	2	7	1
5	2	8	3	7	1	9	4	6
4	7	9	1	2	6	8	5	3
3	6	2	5	8	9	4	1	7
8	1	5	7	3	4	6	9	2

Score: _____

59 MEDIUM

4	7	9	6	8	3	1	2	5
1	6	5	7	2	9	3	8	4
2	3	8	5	4	1	9	7	6
5	9	3	4	6	2	7	1	8
7	2	6	8	1	5	4	3	9
8	4	1	3	9	7	5	6	2
6	5	4	1	3	8	2	9	7
3	8	2	9	7	4	6	5	1
9	1	7	2	5	6	8	4	3

Score: _____

60 MEDIUM

1	6	9	2	8	7	3	4	5
7	2	5	9	3	4	6	8	1
4	3	8	6	1	5	9	2	7
5	8	2	4	6	1	7	3	9
6	9	1	8	7	3	2	5	4
3	7	4	5	9	2	8	1	6
2	1	7	3	4	6	5	9	8
8	5	6	1	2	9	4	7	3
9	4	3	7	5	8	1	6	2

Score: _____

61 MEDIUM

7	6	4	1	2	9	5	8	3
3	2	5	8	7	4	1	6	9
9	8	1	5	6	3	4	7	2
8	7	2	4	9	1	6	3	5
5	3	9	2	8	6	7	4	1
4	1	6	3	5	7	2	9	8
1	4	8	7	3	5	9	2	6
2	9	7	6	1	8	3	5	4
6	5	3	9	4	2	8	1	7

Score: _____

62 MEDIUM

3	7	4	8	9	6	5	2	1
2	6	1	7	5	3	9	4	8
8	5	9	4	1	2	3	6	7
4	3	8	5	6	9	7	1	2
7	1	2	3	4	8	6	9	5
6	9	5	2	7	1	4	8	3
1	4	7	6	2	5	8	3	9
9	8	6	1	3	7	2	5	4
5	2	3	9	8	4	1	7	6

Score: _____

63 MEDIUM

3	2	7	5	6	4	1	9	8
9	6	8	1	7	2	5	4	3
5	1	4	3	9	8	7	6	2
4	7	1	8	2	5	6	3	9
6	8	5	4	3	9	2	1	7
2	3	9	6	1	7	8	5	4
7	4	2	9	5	6	3	8	1
1	9	6	2	8	3	4	7	5
8	5	3	7	4	1	9	2	6

Score: _____

64 MEDIUM

2	1	4	6	7	5	3	8	9
6	9	5	3	8	4	2	7	1
3	8	7	9	2	1	6	5	4
7	2	6	8	4	9	1	3	5
5	3	9	1	6	2	8	4	7
8	4	1	7	5	3	9	6	2
9	6	2	4	3	7	5	1	8
1	7	3	5	9	8	4	2	6
4	5	8	2	1	6	7	9	3

Score: _____

65 MEDIUM

6	7	4	5	2	9	8	3	1
9	3	8	1	4	7	2	6	5
1	2	5	3	8	6	7	9	4
5	1	6	8	7	3	9	4	2
3	4	9	6	5	2	1	7	8
7	8	2	4	9	1	6	5	3
8	6	1	9	3	4	5	2	7
2	9	3	7	1	5	4	8	6
4	5	7	2	6	8	3	1	9

Score: _____

66 MEDIUM

9	8	2	1	7	6	3	4	5
4	7	5	3	9	8	2	1	6
6	1	3	2	4	5	8	7	9
3	4	6	5	2	1	9	8	7
8	9	7	4	6	3	5	2	1
5	2	1	7	8	9	6	3	4
7	3	4	9	5	2	1	6	8
1	6	9	8	3	7	4	5	2
2	5	8	6	1	4	7	9	3

Score: _____

67 MEDIUM

2	9	6	7	5	3	1	4	8
4	3	8	2	1	6	9	7	5
1	7	5	8	9	4	3	2	6
7	2	3	1	4	5	6	8	9
5	6	1	9	2	8	4	3	7
9	8	4	3	6	7	2	5	1
8	1	7	6	3	2	5	9	4
3	5	9	4	7	1	8	6	2
6	4	2	5	8	9	7	1	3

Score: _____

68 MEDIUM

1	9	2	6	5	8	7	4	3
7	8	6	4	3	2	1	9	5
3	5	4	7	1	9	2	6	8
6	4	9	2	8	5	3	7	1
5	1	8	3	9	7	6	2	4
2	7	3	1	4	6	5	8	9
4	2	5	8	7	1	9	3	6
9	3	7	5	6	4	8	1	2
8	6	1	9	2	3	4	5	7

Score: _____

69 MEDIUM

4	3	2	8	6	1	9	5	7
9	1	6	5	3	7	4	2	8
7	8	5	2	4	9	1	6	3
2	9	3	1	5	8	7	4	6
6	5	1	7	2	4	3	8	9
8	4	7	6	9	3	5	1	2
3	6	8	9	1	5	2	7	4
1	2	9	4	7	6	8	3	5
5	7	4	3	8	2	6	9	1

Score: _____

70 MEDIUM

4	3	9	7	2	8	1	6	5
8	7	5	6	1	3	9	2	4
2	6	1	4	9	5	7	8	3
1	9	6	5	7	2	4	3	8
3	2	7	1	8	4	6	5	9
5	4	8	9	3	6	2	1	7
7	5	2	3	4	1	8	9	6
6	1	4	8	5	9	3	7	2
9	8	3	2	6	7	5	4	1

Score: _____

71 MEDIUM

5	3	4	7	8	1	6	2	9
1	2	7	6	4	9	8	5	3
8	9	6	2	3	5	7	1	4
4	6	2	3	5	7	1	9	8
7	1	5	4	9	8	3	6	2
9	8	3	1	6	2	4	7	5
6	5	8	9	7	3	2	4	1
2	4	9	8	1	6	5	3	7
3	7	1	5	2	4	9	8	6

Score: _____

72 MEDIUM

4	2	8	7	6	9	1	3	5
3	6	9	5	1	4	8	7	2
7	1	5	3	8	2	4	9	6
8	5	6	4	2	7	9	1	3
2	9	4	6	3	1	5	8	7
1	7	3	8	9	5	6	2	4
6	8	7	9	5	3	2	4	1
5	4	2	1	7	8	3	6	9
9	3	1	2	4	6	7	5	8

Score: _____

73 MEDIUM

3	8	7	4	9	2	5	6	1
4	1	6	3	5	8	7	2	9
2	5	9	1	7	6	4	8	3
8	6	2	7	1	9	3	4	5
5	9	4	2	8	3	6	1	7
1	7	3	5	6	4	8	9	2
6	3	8	9	2	7	1	5	4
9	4	5	6	3	1	2	7	8
7	2	1	8	4	5	9	3	6

Score: _____

74 MEDIUM

3	9	2	4	6	7	1	8	5
6	8	4	2	1	5	7	3	9
5	1	7	3	9	8	4	2	6
9	2	1	8	7	6	5	4	3
8	3	6	5	4	1	9	7	2
4	7	5	9	3	2	6	1	8
2	4	9	7	5	3	8	6	1
7	6	8	1	2	9	3	5	4
1	5	3	6	8	4	2	9	7

Score: _____

75 MEDIUM

9	7	8	5	4	6	1	2	3
4	3	1	8	2	7	9	5	6
5	2	6	1	3	9	8	7	4
8	9	4	2	5	3	6	1	7
3	1	5	6	7	4	2	8	9
2	6	7	9	1	8	3	4	5
7	8	3	4	9	1	5	6	2
6	4	2	3	8	5	7	9	1
1	5	9	7	6	2	4	3	8

Score: _____

76 MEDIUM

3	6	1	7	9	4	8	2	5
5	7	8	6	2	3	1	4	9
9	2	4	8	1	5	7	6	3
1	5	6	9	4	7	2	3	8
4	3	2	1	8	6	9	5	7
7	8	9	5	3	2	4	1	6
6	9	5	4	7	1	3	8	2
2	1	7	3	5	8	6	9	4
8	4	3	2	6	9	5	7	1

Score: _____

77 MEDIUM

9	2	3	8	5	7	1	4	6
5	8	7	1	4	6	3	2	9
4	6	1	2	3	9	8	5	7
6	1	2	9	8	4	7	3	5
3	9	4	6	7	5	2	1	8
7	5	8	3	2	1	6	9	4
2	7	6	5	9	3	4	8	1
8	4	9	7	1	2	5	6	3
1	3	5	4	6	8	9	7	2

Score: _____

78 MEDIUM

4	9	8	3	2	7	1	6	5
3	5	6	1	9	4	2	8	7
1	2	7	8	6	5	9	4	3
2	1	5	4	7	6	8	3	9
7	8	9	5	1	3	6	2	4
6	4	3	9	8	2	5	7	1
8	7	4	2	5	9	3	1	6
5	3	1	6	4	8	7	9	2
9	6	2	7	3	1	4	5	8

Score: _____

79 MEDIUM

1	2	4	6	5	9	3	8	7
8	5	9	7	3	1	2	6	4
3	6	7	4	2	8	5	9	1
6	4	3	9	1	7	8	2	5
9	1	2	8	4	5	6	7	3
7	8	5	2	6	3	4	1	9
2	7	1	3	8	4	9	5	6
4	9	6	5	7	2	1	3	8
5	3	8	1	9	6	7	4	2

Score: _____

80 MEDIUM

1	4	7	2	8	5	3	9	6
2	3	5	6	9	7	4	8	1
6	8	9	3	1	4	5	2	7
3	9	4	1	5	6	8	7	2
5	1	8	7	2	9	6	4	3
7	2	6	8	4	3	9	1	5
9	7	1	5	3	8	2	6	4
8	5	2	4	6	1	7	3	9
4	6	3	9	7	2	1	5	8

Score: _____

81 MEDIUM

9	7	8	5	2	3	4	6	1
3	1	5	6	4	9	7	8	2
2	6	4	7	1	8	5	3	9
1	9	6	4	5	2	3	7	8
4	8	2	3	6	7	9	1	5
5	3	7	8	9	1	6	2	4
6	5	3	2	8	4	1	9	7
7	2	1	9	3	5	8	4	6
8	4	9	1	7	6	2	5	3

Score: _____

82 MEDIUM

6	2	9	8	3	1	4	5	7
8	3	5	4	7	9	2	1	6
7	4	1	2	6	5	3	9	8
3	6	8	9	4	2	5	7	1
2	1	7	6	5	8	9	4	3
9	5	4	7	1	3	6	8	2
5	8	2	3	9	7	1	6	4
4	9	3	1	8	6	7	2	5
1	7	6	5	2	4	8	3	9

Score: _____

83 MEDIUM

1	5	4	9	2	3	6	7	8
9	8	6	7	4	1	5	2	3
2	7	3	6	5	8	1	4	9
8	4	9	1	7	5	2	3	6
3	6	1	2	8	4	7	9	5
5	2	7	3	6	9	4	8	1
4	3	8	5	1	7	9	6	2
7	1	2	8	9	6	3	5	4
6	9	5	4	3	2	8	1	7

Score: _____

84 MEDIUM

4	3	7	2	1	6	9	8	5
1	8	5	9	4	3	2	6	7
6	2	9	8	5	7	4	3	1
7	9	6	4	2	5	3	1	8
5	4	3	1	6	8	7	9	2
2	1	8	7	3	9	6	5	4
8	5	4	3	9	2	1	7	6
9	7	1	6	8	4	5	2	3
3	6	2	5	7	1	8	4	9

Score: _____

85 MEDIUM

7	4	6	3	1	5	9	8	2
1	2	5	9	8	6	3	4	7
9	8	3	2	7	4	6	1	5
6	7	9	8	4	1	5	2	3
2	5	1	6	3	9	4	7	8
4	3	8	7	5	2	1	9	6
8	9	7	4	6	3	2	5	1
5	6	4	1	2	7	8	3	9
3	1	2	5	9	8	7	6	4

Score: _____

86 MEDIUM

6	8	4	9	3	1	7	2	5
9	7	3	2	5	4	1	8	6
5	1	2	7	6	8	9	4	3
1	5	9	6	4	7	8	3	2
4	3	6	8	1	2	5	9	7
8	2	7	5	9	3	4	6	1
7	9	1	4	2	6	3	5	8
3	6	5	1	8	9	2	7	4
2	4	8	3	7	5	6	1	9

Score: _____

87 MEDIUM

7	8	3	9	1	6	2	4	5
5	2	6	4	8	7	1	3	9
4	9	1	2	3	5	7	6	8
3	4	2	5	7	9	8	1	6
8	6	5	1	4	3	9	2	7
1	7	9	8	6	2	4	5	3
6	1	4	7	5	8	3	9	2
2	3	7	6	9	1	5	8	4
9	5	8	3	2	4	6	7	1

Score: _____

88 MEDIUM

3	6	4	1	8	5	2	9	7
9	5	7	6	2	3	8	1	4
8	2	1	7	9	4	6	5	3
2	3	9	8	4	1	7	6	5
5	7	8	2	3	6	9	4	1
1	4	6	9	5	7	3	8	2
7	8	2	5	1	9	4	3	6
4	9	5	3	6	2	1	7	8
6	1	3	4	7	8	5	2	9

Score: _____

89 MEDIUM

4	6	8	3	1	9	2	7	5
5	1	9	7	2	6	3	4	8
3	7	2	5	8	4	6	9	1
2	9	3	8	4	7	1	5	6
7	5	1	9	6	3	8	2	4
8	4	6	1	5	2	7	3	9
6	3	4	2	9	1	5	8	7
1	8	7	4	3	5	9	6	2
9	2	5	6	7	8	4	1	3

Score: _____

90 MEDIUM

9	5	6	3	8	4	7	1	2
4	7	3	1	5	2	8	9	6
8	2	1	7	6	9	3	4	5
2	1	9	6	4	7	5	8	3
5	4	7	8	1	3	6	2	9
6	3	8	9	2	5	1	7	4
7	8	5	4	9	6	2	3	1
1	6	4	2	3	8	9	5	7
3	9	2	5	7	1	4	6	8

Score: _____

91 MEDIUM

7	1	5	2	8	3	9	4	6
2	3	6	5	9	4	7	8	1
4	9	8	7	6	1	3	5	2
1	8	9	3	5	6	4	2	7
3	6	7	4	1	2	8	9	5
5	4	2	9	7	8	6	1	3
8	7	3	1	4	5	2	6	9
9	5	4	6	2	7	1	3	8
6	2	1	8	3	9	5	7	4

Score: _____

92 MEDIUM

1	8	9	7	3	2	6	5	4
6	7	2	4	5	8	3	9	1
5	4	3	6	9	1	7	2	8
9	1	4	2	7	6	5	8	3
2	5	8	9	4	3	1	7	6
7	3	6	8	1	5	9	4	2
8	9	7	3	6	4	2	1	5
3	2	1	5	8	9	4	6	7
4	6	5	1	2	7	8	3	9

Score: _____

93 MEDIUM

7	5	1	6	3	4	9	8	2
3	8	9	2	7	1	4	5	6
4	2	6	8	9	5	7	1	3
6	3	8	9	1	2	5	7	4
5	9	4	7	8	3	6	2	1
2	1	7	5	4	6	3	9	8
8	7	2	4	6	9	1	3	5
1	4	5	3	2	7	8	6	9
9	6	3	1	5	8	2	4	7

Score: _____

94 MEDIUM

4	7	6	9	5	1	3	8	2
3	9	2	4	6	8	5	7	1
8	5	1	7	2	3	6	9	4
6	4	7	2	1	5	8	3	9
5	3	8	6	4	9	1	2	7
2	1	9	8	3	7	4	6	5
7	8	5	3	9	4	2	1	6
9	2	4	1	8	6	7	5	3
1	6	3	5	7	2	9	4	8

Score: _____

95 MEDIUM

5	9	8	4	3	6	2	7	1
1	6	7	2	8	9	4	5	3
4	2	3	5	1	7	6	8	9
6	8	5	9	7	3	1	2	4
9	4	1	6	2	8	5	3	7
3	7	2	1	4	5	8	9	6
8	5	6	3	9	1	7	4	2
7	3	4	8	6	2	9	1	5
2	1	9	7	5	4	3	6	8

Score: _____

96 MEDIUM

2	3	4	6	9	5	1	8	7
5	6	1	4	7	8	3	9	2
8	7	9	3	2	1	4	6	5
9	1	6	5	8	4	7	2	3
4	8	3	7	1	2	9	5	6
7	2	5	9	3	6	8	4	1
3	9	8	2	5	7	6	1	4
6	5	7	1	4	9	2	3	8
1	4	2	8	6	3	5	7	9

Score: _____

97 MEDIUM

2	1	5	3	8	6	9	7	4
6	8	3	9	7	4	1	5	2
9	7	4	1	2	5	8	3	6
3	9	6	7	1	2	5	4	8
8	5	2	4	3	9	6	1	7
7	4	1	6	5	8	3	2	9
5	6	9	2	4	3	7	8	1
4	3	7	8	6	1	2	9	5
1	2	8	5	9	7	4	6	3

Score: _____

98 MEDIUM

4	6	2	7	3	5	1	9	8
3	9	7	1	8	6	2	4	5
8	1	5	9	4	2	3	6	7
2	8	4	6	9	7	5	3	1
1	3	6	8	5	4	9	7	2
7	5	9	3	2	1	6	8	4
6	4	8	2	1	3	7	5	9
5	2	3	4	7	9	8	1	6
9	7	1	5	6	8	4	2	3

Score: _____

99 MEDIUM

6	3	2	5	8	4	1	7	9
5	8	4	7	9	1	2	6	3
7	9	1	6	3	2	4	8	5
4	2	8	3	6	9	7	5	1
3	5	7	4	1	8	9	2	6
9	1	6	2	5	7	3	4	8
8	4	5	9	2	3	6	1	7
1	7	3	8	4	6	5	9	2
2	6	9	1	7	5	8	3	4

Score: _____

100 MEDIUM

7	1	9	5	8	2	4	3	6
6	5	3	4	7	9	1	2	8
8	4	2	6	3	1	5	9	7
2	3	8	9	5	7	6	4	1
5	9	7	1	6	4	2	8	3
1	6	4	8	2	3	7	5	9
4	7	1	2	9	8	3	6	5
9	2	6	3	1	5	8	7	4
3	8	5	7	4	6	9	1	2

Score: _____

101 MEDIUM

1	3	9	7	6	8	4	5	2
4	2	7	5	1	9	6	8	3
6	8	5	4	3	2	9	7	1
9	5	1	2	4	7	3	6	8
3	6	4	8	5	1	7	2	9
8	7	2	6	9	3	5	1	4
7	1	3	9	8	6	2	4	5
5	9	6	1	2	4	8	3	7
2	4	8	3	7	5	1	9	6

Score: _____

102 MEDIUM

2	4	7	9	1	8	6	3	5
8	5	6	2	3	4	7	9	1
9	3	1	5	6	7	2	4	8
3	7	5	8	9	6	4	1	2
4	9	2	1	5	3	8	7	6
6	1	8	7	4	2	9	5	3
5	6	9	4	8	1	3	2	7
1	2	3	6	7	9	5	8	4
7	8	4	3	2	5	1	6	9

Score: _____

103 MEDIUM

3	7	8	2	9	5	4	6	1
6	5	9	4	7	1	8	3	2
1	2	4	8	6	3	5	7	9
2	6	5	7	1	9	3	4	8
9	4	3	6	5	8	2	1	7
8	1	7	3	4	2	9	5	6
4	8	1	9	3	7	6	2	5
7	3	2	5	8	6	1	9	4
5	9	6	1	2	4	7	8	3

Score: _____

104 MEDIUM

3	2	7	5	9	1	6	4	8
8	5	9	4	6	7	3	1	2
4	6	1	2	8	3	5	9	7
6	9	8	1	3	4	7	2	5
7	1	2	6	5	8	9	3	4
5	3	4	7	2	9	8	6	1
2	8	5	3	4	6	1	7	9
9	7	6	8	1	2	4	5	3
1	4	3	9	7	5	2	8	6

Score: _____

105 MEDIUM

3	6	2	9	4	5	1	8	7
4	7	1	6	8	2	9	3	5
8	5	9	3	1	7	6	4	2
9	3	6	8	7	1	2	5	4
7	1	4	2	5	6	8	9	3
2	8	5	4	3	9	7	6	1
1	4	7	5	6	8	3	2	9
6	2	3	1	9	4	5	7	8
5	9	8	7	2	3	4	1	6

Score: _____

106 MEDIUM

9	5	8	2	1	4	7	3	6
4	7	6	5	3	8	1	9	2
2	3	1	6	7	9	5	8	4
6	2	3	4	5	1	9	7	8
7	1	4	9	8	2	6	5	3
8	9	5	3	6	7	4	2	1
5	6	7	8	4	3	2	1	9
1	8	2	7	9	6	3	4	5
3	4	9	1	2	5	8	6	7

Score: _____

107 MEDIUM

3	1	7	5	4	6	8	9	2
5	6	9	7	8	2	3	4	1
4	2	8	9	1	3	5	7	6
8	5	1	6	2	4	9	3	7
9	3	2	8	7	1	6	5	4
7	4	6	3	5	9	1	2	8
6	8	4	2	3	5	7	1	9
2	7	5	1	9	8	4	6	3
1	9	3	4	6	7	2	8	5

Score: _____

108 MEDIUM

7	6	2	3	4	5	1	8	9
8	4	9	6	7	1	2	3	5
5	1	3	9	8	2	7	6	4
4	3	8	2	5	6	9	1	7
2	9	7	8	1	4	3	5	6
6	5	1	7	9	3	8	4	2
1	8	5	4	2	7	6	9	3
3	2	4	1	6	9	5	7	8
9	7	6	5	3	8	4	2	1

Score: _____

109 MEDIUM

4	3	8	2	1	7	5	9	6
2	7	6	9	8	5	3	4	1
1	5	9	3	6	4	8	2	7
7	4	3	1	9	8	6	5	2
5	9	2	4	7	6	1	3	8
6	8	1	5	2	3	9	7	4
3	6	4	7	5	1	2	8	9
9	1	5	8	4	2	7	6	3
8	2	7	6	3	9	4	1	5

Score: _____

110 MEDIUM

4	3	5	7	1	8	2	6	9
8	6	1	2	3	9	7	5	4
7	9	2	6	5	4	3	8	1
1	4	6	8	9	2	5	7	3
2	7	9	5	4	3	6	1	8
5	8	3	1	7	6	4	9	2
3	5	7	9	2	1	8	4	6
6	1	4	3	8	7	9	2	5
9	2	8	4	6	5	1	3	7

Score: _____

111 *DIFFICULT*

7	1	9	6	3	4	2	5	8
2	6	5	1	7	8	9	4	3
4	3	8	5	2	9	7	6	1
3	8	2	7	4	1	5	9	6
5	9	7	3	6	2	1	8	4
6	4	1	8	9	5	3	7	2
1	2	6	4	5	7	8	3	9
9	7	4	2	8	3	6	1	5
8	5	3	9	1	6	4	2	7

Score: _____

112 *DIFFICULT*

4	6	5	8	7	9	3	2	1
2	7	3	4	1	6	9	8	5
8	9	1	3	5	2	4	7	6
7	2	9	5	6	4	1	3	8
3	4	8	1	9	7	6	5	2
1	5	6	2	3	8	7	9	4
5	3	4	7	8	1	2	6	9
6	1	7	9	2	5	8	4	3
9	8	2	6	4	3	5	1	7

Score: _____

113 *DIFFICULT*

2	1	9	4	6	7	3	5	8
4	3	8	1	2	5	6	9	7
5	6	7	9	3	8	4	2	1
6	8	4	5	7	2	9	1	3
3	2	1	6	9	4	8	7	5
9	7	5	8	1	3	2	6	4
1	5	3	2	4	9	7	8	6
8	4	2	7	5	6	1	3	9
7	9	6	3	8	1	5	4	2

Score: _____

114 *DIFFICULT*

7	4	9	3	8	1	6	2	5
8	3	6	7	5	2	9	4	1
2	1	5	9	6	4	7	3	8
6	2	7	4	1	9	5	8	3
1	9	3	8	2	5	4	6	7
5	8	4	6	3	7	2	1	9
3	5	8	2	7	6	1	9	4
4	6	1	5	9	3	8	7	2
9	7	2	1	4	8	3	5	6

Score: _____

115 *DIFFICULT*

7	4	5	2	8	9	3	1	6
3	1	8	6	5	4	7	9	2
9	2	6	7	1	3	5	4	8
4	8	7	5	9	1	2	6	3
2	3	1	4	7	6	9	8	5
6	5	9	3	2	8	4	7	1
8	6	2	9	4	5	1	3	7
1	7	4	8	3	2	6	5	9
5	9	3	1	6	7	8	2	4

Score: _____

116 *DIFFICULT*

3	1	2	5	4	7	9	8	6
7	4	6	9	1	8	2	5	3
5	8	9	3	6	2	4	1	7
4	7	8	6	9	5	1	3	2
6	5	3	2	8	1	7	9	4
9	2	1	7	3	4	5	6	8
1	3	7	4	5	6	8	2	9
2	6	5	8	7	9	3	4	1
8	9	4	1	2	3	6	7	5

Score: _____

117 *DIFFICULT*

9	8	4	1	3	7	6	5	2
3	6	5	2	8	9	1	7	4
7	2	1	6	5	4	3	9	8
1	5	6	4	9	2	8	3	7
8	4	7	5	6	3	9	2	1
2	3	9	7	1	8	5	4	6
5	7	3	8	4	1	2	6	9
6	1	2	9	7	5	4	8	3
4	9	8	3	2	6	7	1	5

Score: _____

118 *DIFFICULT*

8	2	5	9	1	7	4	6	3
6	7	1	4	5	3	2	8	9
4	3	9	8	2	6	5	1	7
9	5	7	3	6	1	8	2	4
2	4	6	5	9	8	3	7	1
3	1	8	2	7	4	6	9	5
1	9	4	6	3	2	7	5	8
5	8	2	7	4	9	1	3	6
7	6	3	1	8	5	9	4	2

Score: _____

119 DIFFICULT

5	6	4	9	8	7	2	3	1
8	2	1	5	3	6	7	9	4
3	7	9	4	2	1	5	8	6
6	9	7	2	1	8	3	4	5
2	4	8	3	9	5	1	6	7
1	5	3	7	6	4	8	2	9
7	8	5	6	4	3	9	1	2
9	1	6	8	5	2	4	7	3
4	3	2	1	7	9	6	5	8

Score: _____

120 DIFFICULT

8	9	7	4	6	2	1	3	5
2	6	4	5	3	1	8	9	7
1	3	5	8	7	9	6	4	2
3	8	6	7	4	5	2	1	9
7	5	9	2	1	3	4	8	6
4	2	1	9	8	6	5	7	3
6	4	8	3	5	7	9	2	1
5	7	2	1	9	4	3	6	8
9	1	3	6	2	8	7	5	4

Score: _____

121 DIFFICULT

1	2	4	3	7	8	5	6	9
7	5	9	2	6	4	1	3	8
8	3	6	9	1	5	7	2	4
3	9	5	4	8	2	6	7	1
4	1	7	5	9	6	2	8	3
6	8	2	7	3	1	9	4	5
2	6	3	8	5	9	4	1	7
9	4	8	1	2	7	3	5	6
5	7	1	6	4	3	8	9	2

Score: _____

122 DIFFICULT

3	9	8	1	5	7	2	4	6
6	2	5	3	8	4	9	7	1
1	7	4	9	2	6	8	3	5
4	3	2	6	9	5	7	1	8
7	6	1	8	4	3	5	9	2
5	8	9	7	1	2	3	6	4
9	1	7	2	6	8	4	5	3
8	4	6	5	3	9	1	2	7
2	5	3	4	7	1	6	8	9

Score: _____

123 DIFFICULT

8	2	4	9	6	5	1	3	7
1	5	9	3	7	4	6	2	8
6	7	3	8	1	2	5	4	9
7	4	8	5	2	3	9	6	1
2	9	1	7	4	6	8	5	3
5	3	6	1	9	8	2	7	4
3	6	7	2	8	1	4	9	5
9	1	2	4	5	7	3	8	6
4	8	5	6	3	9	7	1	2

Score: _____

124 DIFFICULT

7	2	5	8	3	9	4	6	1
3	9	6	4	1	2	5	8	7
8	4	1	7	5	6	9	3	2
4	5	3	6	7	1	2	9	8
1	7	8	9	2	4	3	5	6
2	6	9	3	8	5	7	1	4
9	1	2	5	4	8	6	7	3
5	3	4	1	6	7	8	2	9
6	8	7	2	9	3	1	4	5

Score: _____

125 DIFFICULT

5	2	6	9	3	7	8	4	1
8	9	1	4	5	6	3	7	2
4	7	3	1	8	2	5	9	6
3	4	5	8	6	9	2	1	7
1	6	7	5	2	4	9	3	8
9	8	2	7	1	3	6	5	4
6	3	9	2	7	1	4	8	5
7	5	4	6	9	8	1	2	3
2	1	8	3	4	5	7	6	9

Score: _____

126 DIFFICULT

1	3	6	2	8	5	7	4	9
2	9	5	3	4	7	1	8	6
7	8	4	6	9	1	5	2	3
8	2	3	7	6	4	9	1	5
9	6	7	1	5	2	4	3	8
5	4	1	8	3	9	6	7	2
6	5	2	4	7	3	8	9	1
4	1	8	9	2	6	3	5	7
3	7	9	5	1	8	2	6	4

Score: _____

127 DIFFICULT

7	4	9	3	1	6	8	5	2
6	5	3	7	8	2	4	1	9
8	2	1	9	5	4	6	3	7
5	7	6	2	4	9	1	8	3
1	9	2	5	3	8	7	4	6
4	3	8	1	6	7	2	9	5
9	6	4	8	2	3	5	7	1
2	1	7	4	9	5	3	6	8
3	8	5	6	7	1	9	2	4

Score: _____

128 DIFFICULT

4	8	7	6	5	2	9	3	1
1	3	5	4	7	9	8	6	2
9	2	6	8	3	1	7	5	4
3	6	8	7	1	4	2	9	5
7	5	1	2	9	8	6	4	3
2	9	4	5	6	3	1	7	8
5	4	9	1	2	6	3	8	7
8	1	3	9	4	7	5	2	6
6	7	2	3	8	5	4	1	9

Score: _____

129 DIFFICULT

5	3	1	2	6	8	4	9	7
4	6	7	5	1	9	2	3	8
2	9	8	4	7	3	5	1	6
7	8	9	6	3	4	1	2	5
6	4	5	1	2	7	9	8	3
3	1	2	9	8	5	6	7	4
9	7	6	3	4	2	8	5	1
1	5	3	8	9	6	7	4	2
8	2	4	7	5	1	3	6	9

Score: _____

130 DIFFICULT

3	8	4	5	2	6	1	9	7
9	6	1	4	3	7	8	5	2
5	2	7	1	8	9	4	3	6
4	9	3	8	5	2	6	7	1
7	1	2	9	6	3	5	4	8
8	5	6	7	1	4	9	2	3
1	4	8	3	7	5	2	6	9
2	7	5	6	9	8	3	1	4
6	3	9	2	4	1	7	8	5

Score: _____

131 DIFFICULT

4	8	3	5	6	7	9	1	2
7	1	9	8	2	3	6	5	4
6	2	5	1	9	4	7	8	3
5	3	1	9	4	8	2	6	7
8	7	2	3	1	6	4	9	5
9	4	6	7	5	2	1	3	8
1	6	8	2	7	5	3	4	9
2	5	4	6	3	9	8	7	1
3	9	7	4	8	1	5	2	6

Score: _____

132 DIFFICULT

6	7	8	4	3	5	9	2	1
2	3	1	7	9	8	6	4	5
4	5	9	2	1	6	7	3	8
5	1	6	9	2	7	3	8	4
9	2	4	8	6	3	5	1	7
3	8	7	5	4	1	2	6	9
1	4	5	3	7	2	8	9	6
8	6	3	1	5	9	4	7	2
7	9	2	6	8	4	1	5	3

Score: _____

133 DIFFICULT

4	3	9	1	2	5	8	7	6
1	2	5	7	6	8	9	4	3
8	7	6	3	9	4	5	2	1
5	4	8	2	3	9	6	1	7
7	9	2	5	1	6	4	3	8
6	1	3	4	8	7	2	9	5
2	6	4	8	7	1	3	5	9
3	8	7	9	5	2	1	6	4
9	5	1	6	4	3	7	8	2

Score: _____

134 DIFFICULT

4	6	3	8	5	2	9	1	7
9	8	1	7	6	3	2	4	5
5	7	2	4	1	9	8	3	6
1	3	9	6	8	4	5	7	2
2	5	6	9	3	7	4	8	1
8	4	7	1	2	5	6	9	3
6	9	4	5	7	1	3	2	8
3	1	8	2	9	6	7	5	4
7	2	5	3	4	8	1	6	9

Score: _____

135 *DIFFICULT*

7	4	2	5	8	9	1	6	3
9	6	1	7	3	4	2	8	5
8	3	5	1	2	6	9	7	4
3	7	8	2	4	5	6	9	1
5	2	6	3	9	1	8	4	7
4	1	9	8	6	7	3	5	2
1	8	4	9	7	3	5	2	6
6	9	3	4	5	2	7	1	8
2	5	7	6	1	8	4	3	9

Score: _____

136 *DIFFICULT*

6	4	8	2	9	3	1	7	5
2	3	7	1	5	8	6	4	9
5	1	9	7	6	4	2	3	8
1	2	6	3	4	9	8	5	7
9	8	4	5	7	1	3	2	6
7	5	3	8	2	6	9	1	4
8	7	1	6	3	5	4	9	2
3	9	5	4	8	2	7	6	1
4	6	2	9	1	7	5	8	3

Score: _____

137 *DIFFICULT*

2	8	3	5	9	6	1	4	7
6	4	5	7	8	1	2	9	3
9	7	1	2	3	4	5	6	8
8	2	4	9	1	3	6	7	5
7	5	9	6	2	8	4	3	1
1	3	6	4	7	5	9	8	2
4	6	7	3	5	2	8	1	9
3	1	2	8	4	9	7	5	6
5	9	8	1	6	7	3	2	4

Score: _____

138 *DIFFICULT*

7	8	6	9	3	4	5	2	1
5	1	9	2	6	7	8	3	4
4	2	3	1	5	8	7	9	6
6	3	2	8	4	1	9	5	7
9	7	1	3	2	5	4	6	8
8	4	5	6	7	9	2	1	3
2	5	8	4	1	6	3	7	9
1	9	7	5	8	3	6	4	2
3	6	4	7	9	2	1	8	5

Score: _____

139 *DIFFICULT*

3	9	2	4	8	5	1	6	7
4	7	8	1	6	2	3	5	9
1	5	6	3	9	7	4	2	8
5	2	4	8	1	3	9	7	6
6	8	9	2	7	4	5	3	1
7	3	1	9	5	6	8	4	2
8	4	5	6	2	1	7	9	3
2	1	7	5	3	9	6	8	4
9	6	3	7	4	8	2	1	5

Score: _____

140 *DIFFICULT*

5	8	2	4	1	3	7	9	6
1	4	9	6	7	8	2	3	5
3	6	7	9	5	2	8	1	4
4	3	8	1	9	6	5	7	2
7	2	6	3	8	5	9	4	1
9	1	5	7	2	4	6	8	3
2	5	3	8	4	9	1	6	7
8	7	4	5	6	1	3	2	9
6	9	1	2	3	7	4	5	8

Score: _____

141 *DIFFICULT*

7	4	1	3	8	6	9	2	5
2	6	9	5	1	7	4	3	8
3	5	8	2	4	9	6	1	7
1	2	7	8	3	4	5	9	6
8	3	6	1	9	5	7	4	2
4	9	5	7	6	2	3	8	1
6	8	2	4	7	3	1	5	9
9	1	4	6	5	8	2	7	3
5	7	3	9	2	1	8	6	4

Score: _____

142 *DIFFICULT*

3	7	9	5	8	4	6	1	2
2	6	8	1	3	7	5	4	9
4	5	1	9	2	6	3	8	7
6	1	2	7	9	3	4	5	8
7	3	4	8	5	1	2	9	6
8	9	5	6	4	2	1	7	3
5	2	6	4	7	9	8	3	1
1	4	7	3	6	8	9	2	5
9	8	3	2	1	5	7	6	4

Score: _____

143 DIFFICULT

3	4	5	8	1	2	9	7	6
8	7	2	3	6	9	5	1	4
6	1	9	5	4	7	3	2	8
7	9	8	2	5	3	4	6	1
4	2	6	1	9	8	7	3	5
1	5	3	6	7	4	2	8	9
9	8	4	7	2	6	1	5	3
5	3	7	4	8	1	6	9	2
2	6	1	9	3	5	8	4	7

Score: _____

144 DIFFICULT

7	5	6	8	3	2	9	4	1
1	3	9	7	4	6	8	5	2
2	4	8	9	5	1	3	7	6
4	2	7	6	9	8	1	3	5
6	8	3	5	1	4	7	2	9
5	9	1	2	7	3	6	8	4
8	6	5	3	2	9	4	1	7
9	7	4	1	8	5	2	6	3
3	1	2	4	6	7	5	9	8

Score: _____

145 DIFFICULT

6	9	5	1	3	2	7	4	8
4	8	3	5	7	6	2	9	1
1	2	7	9	4	8	3	5	6
3	7	9	8	2	5	6	1	4
8	6	1	7	9	4	5	2	3
2	5	4	6	1	3	8	7	9
5	1	2	3	8	9	4	6	7
7	4	8	2	6	1	9	3	5
9	3	6	4	5	7	1	8	2

Score: _____

146 DIFFICULT

8	5	6	2	4	7	1	9	3
9	7	4	6	3	1	2	5	8
3	2	1	8	9	5	7	4	6
4	3	8	1	6	9	5	7	2
6	9	7	5	2	8	4	3	1
5	1	2	4	7	3	8	6	9
2	4	3	7	1	6	9	8	5
1	6	5	9	8	4	3	2	7
7	8	9	3	5	2	6	1	4

Score: _____

147 DIFFICULT

7	5	2	1	4	3	8	6	9
4	3	8	9	6	7	2	5	1
6	1	9	5	8	2	3	7	4
5	7	4	2	1	6	9	8	3
8	9	1	7	3	5	4	2	6
2	6	3	8	9	4	7	1	5
9	4	5	6	2	8	1	3	7
3	8	6	4	7	1	5	9	2
1	2	7	3	5	9	6	4	8

Score: _____

148 DIFFICULT

9	6	3	1	7	4	8	5	2
1	8	5	6	2	3	9	7	4
2	7	4	9	8	5	3	6	1
3	2	9	8	4	6	5	1	7
4	5	8	3	1	7	6	2	9
6	1	7	5	9	2	4	8	3
8	3	1	7	5	9	2	4	6
7	9	2	4	6	8	1	3	5
5	4	6	2	3	1	7	9	8

Score: _____

149 DIFFICULT

2	4	8	6	3	9	5	1	7
3	1	6	5	7	2	9	4	8
7	5	9	1	8	4	6	2	3
8	2	5	4	1	3	7	9	6
4	7	1	9	6	5	3	8	2
9	6	3	7	2	8	1	5	4
1	9	7	2	4	6	8	3	5
5	8	4	3	9	7	2	6	1
6	3	2	8	5	1	4	7	9

Score: _____

150 DIFFICULT

7	6	9	3	1	2	4	5	8
4	2	1	5	8	7	3	9	6
3	5	8	9	4	6	1	7	2
9	8	7	1	6	5	2	4	3
5	1	3	8	2	4	9	6	7
2	4	6	7	3	9	5	8	1
6	7	4	2	5	3	8	1	9
8	3	5	6	9	1	7	2	4
1	9	2	4	7	8	6	3	5

Score: _____

151 DIFFICULT

1	4	5	2	9	7	8	6	3
8	9	3	5	4	6	1	2	7
2	7	6	1	8	3	5	9	4
6	3	1	4	7	2	9	8	5
9	2	4	6	5	8	3	7	1
7	5	8	3	1	9	6	4	2
3	8	7	9	2	1	4	5	6
4	1	9	7	6	5	2	3	8
5	6	2	8	3	4	7	1	9

Score: _____

152 DIFFICULT

4	1	6	2	5	8	9	7	3
3	9	5	7	6	1	4	8	2
7	2	8	3	9	4	5	6	1
1	5	2	6	8	7	3	4	9
8	3	7	4	1	9	2	5	6
6	4	9	5	3	2	7	1	8
9	6	4	1	7	3	8	2	5
2	8	1	9	4	5	6	3	7
5	7	3	8	2	6	1	9	4

Score: _____

153 DIFFICULT

4	9	7	5	6	3	1	2	8
1	3	8	2	9	7	4	5	6
5	2	6	8	4	1	7	3	9
8	6	2	7	3	9	5	4	1
3	1	5	4	8	6	2	9	7
9	7	4	1	2	5	6	8	3
2	5	9	6	1	8	3	7	4
7	8	1	3	5	4	9	6	2
6	4	3	9	7	2	8	1	5

Score: _____

154 DIFFICULT

5	1	6	2	4	3	7	9	8
8	2	4	9	6	7	1	3	5
7	9	3	1	8	5	4	2	6
2	8	9	7	5	1	3	6	4
4	7	1	6	3	8	9	5	2
3	6	5	4	9	2	8	7	1
6	4	2	8	7	9	5	1	3
1	3	7	5	2	4	6	8	9
9	5	8	3	1	6	2	4	7

Score: _____

155 DIFFICULT

8	7	4	1	6	3	5	9	2
6	9	2	5	8	4	1	3	7
1	3	5	9	2	7	4	8	6
7	4	1	2	3	9	6	5	8
2	8	9	7	5	6	3	1	4
5	6	3	4	1	8	2	7	9
3	2	6	8	7	5	9	4	1
4	5	7	6	9	1	8	2	3
9	1	8	3	4	2	7	6	5

Score: _____

156 DIFFICULT

3	6	1	7	9	4	5	8	2
7	2	4	6	8	5	9	1	3
5	8	9	1	3	2	6	7	4
4	1	6	2	5	7	8	3	9
9	5	2	3	1	8	7	4	6
8	7	3	9	4	6	2	5	1
6	4	8	5	2	1	3	9	7
1	9	7	8	6	3	4	2	5
2	3	5	4	7	9	1	6	8

Score: _____

157 DIFFICULT

8	5	3	1	9	4	6	2	7
6	1	2	8	3	7	4	5	9
4	7	9	2	5	6	8	3	1
7	9	4	6	8	2	3	1	5
5	2	6	3	7	1	9	8	4
1	3	8	9	4	5	2	7	6
3	6	7	4	1	8	5	9	2
2	8	5	7	6	9	1	4	3
9	4	1	5	2	3	7	6	8

Score: _____

158 DIFFICULT

6	2	7	1	9	8	3	4	5
9	1	5	4	3	2	7	6	8
8	3	4	7	5	6	9	2	1
2	4	8	6	7	9	5	1	3
1	7	3	8	4	5	6	9	2
5	9	6	3	2	1	4	8	7
4	6	1	5	8	7	2	3	9
3	5	9	2	1	4	8	7	6
7	8	2	9	6	3	1	5	4

Score: _____

159 DIFFICULT

3	8	2	5	7	4	6	1	9
6	5	1	9	2	8	4	7	3
9	7	4	6	1	3	8	5	2
7	1	5	3	6	2	9	8	4
2	4	9	1	8	7	3	6	5
8	6	3	4	5	9	7	2	1
1	9	7	8	3	5	2	4	6
4	2	6	7	9	1	5	3	8
5	3	8	2	4	6	1	9	7

Score: _____

160 DIFFICULT

1	4	3	5	6	8	7	2	9
9	6	2	1	4	7	5	3	8
5	7	8	9	3	2	4	6	1
6	2	7	4	8	3	1	9	5
8	5	9	2	7	1	3	4	6
4	3	1	6	9	5	8	7	2
3	9	4	8	1	6	2	5	7
2	1	6	7	5	4	9	8	3
7	8	5	3	2	9	6	1	4

Score: _____

161 SUPER-DIFFICULT

1	9	3	6	8	4	5	7	2
8	7	5	1	3	2	9	6	4
2	4	6	9	7	5	8	3	1
7	5	2	8	1	6	4	9	3
6	1	4	5	9	3	2	8	7
3	8	9	4	2	7	6	1	5
9	3	7	2	5	8	1	4	6
5	6	8	7	4	1	3	2	9
4	2	1	3	6	9	7	5	8

Score: _____

162 SUPER-DIFFICULT

6	9	5	2	7	4	3	1	8
4	7	8	1	3	5	9	6	2
2	3	1	9	6	8	4	5	7
8	2	3	5	4	1	7	9	6
5	1	4	7	9	6	2	8	3
7	6	9	8	2	3	5	4	1
3	5	6	4	1	2	8	7	9
9	8	2	6	5	7	1	3	4
1	4	7	3	8	9	6	2	5

Score: _____

163 SUPER-DIFFICULT

2	4	5	7	1	8	6	9	3
7	9	8	6	3	4	2	5	1
6	3	1	5	9	2	4	8	7
3	8	6	2	7	5	1	4	9
1	5	7	3	4	9	8	6	2
9	2	4	8	6	1	7	3	5
8	6	3	9	2	7	5	1	4
5	1	2	4	8	3	9	7	6
4	7	9	1	5	6	3	2	8

Score: _____

164 SUPER-DIFFICULT

9	7	3	5	6	1	4	8	2
1	5	4	8	9	2	6	7	3
8	2	6	4	7	3	9	1	5
7	1	8	6	3	5	2	4	9
6	9	5	2	1	4	7	3	8
3	4	2	9	8	7	5	6	1
2	8	9	3	4	6	1	5	7
4	3	7	1	5	9	8	2	6
5	6	1	7	2	8	3	9	4

Score: _____

165 SUPER-DIFFICULT

7	4	9	8	3	6	1	5	2
6	3	1	5	4	2	8	7	9
2	5	8	7	1	9	6	4	3
5	8	7	2	6	1	3	9	4
3	9	2	4	7	8	5	6	1
1	6	4	9	5	3	7	2	8
8	1	5	6	2	4	9	3	7
4	7	3	1	9	5	2	8	6
9	2	6	3	8	7	4	1	5

Score: _____

166 SUPER-DIFFICULT

7	5	4	1	9	8	3	2	6
8	1	2	3	5	6	4	7	9
3	6	9	4	7	2	5	8	1
4	7	1	6	2	9	8	5	3
6	8	3	5	4	1	7	9	2
9	2	5	7	8	3	1	6	4
2	4	6	8	1	7	9	3	5
5	9	8	2	3	4	6	1	7
1	3	7	9	6	5	2	4	8

Score: _____

167 SUPER-DIFFICULT

1	6	5	3	2	8	4	9	7
3	2	7	4	5	9	8	6	1
8	9	4	6	1	7	3	5	2
9	7	1	2	8	4	5	3	6
6	5	8	9	7	3	1	2	4
4	3	2	1	6	5	9	7	8
2	4	6	5	9	1	7	8	3
7	1	9	8	3	6	2	4	5
5	8	3	7	4	2	6	1	9

Score: _____

168 SUPER-DIFFICULT

3	1	6	7	2	8	9	5	4
5	9	7	3	4	1	8	2	6
4	2	8	9	6	5	3	1	7
6	3	2	4	1	7	5	8	9
8	7	5	2	3	9	6	4	1
1	4	9	5	8	6	2	7	3
7	5	3	1	9	2	4	6	8
9	8	1	6	5	4	7	3	2
2	6	4	8	7	3	1	9	5

Score: _____

169 SUPER-DIFFICULT

2	8	7	5	1	4	9	6	3
4	3	5	6	9	8	1	2	7
9	6	1	2	7	3	4	8	5
3	1	2	9	8	5	7	4	6
8	9	6	4	3	7	2	5	1
7	5	4	1	2	6	8	3	9
6	4	9	8	5	1	3	7	2
5	2	3	7	4	9	6	1	8
1	7	8	3	6	2	5	9	4

Score: _____

170 SUPER-DIFFICULT

6	8	4	1	5	2	3	7	9
2	3	5	4	9	7	1	8	6
1	7	9	6	8	3	2	4	5
5	6	2	3	4	8	7	9	1
3	4	1	7	2	9	6	5	8
7	9	8	5	1	6	4	3	2
8	5	7	2	3	1	9	6	4
9	2	6	8	7	4	5	1	3
4	1	3	9	6	5	8	2	7

Score: _____

171 SUPER-DIFFICULT

8	3	4	9	5	2	6	7	1
2	6	7	3	8	1	9	4	5
5	9	1	6	4	7	3	8	2
3	8	2	5	7	4	1	9	6
6	1	5	8	2	9	4	3	7
7	4	9	1	3	6	5	2	8
1	5	3	7	9	8	2	6	4
4	7	6	2	1	3	8	5	9
9	2	8	4	6	5	7	1	3

Score: _____

172 SUPER-DIFFICULT

3	8	2	9	4	6	1	5	7
1	4	7	5	3	2	6	8	9
5	6	9	8	7	1	3	2	4
6	1	5	4	2	9	7	3	8
7	9	4	3	8	5	2	1	6
2	3	8	1	6	7	4	9	5
8	2	6	7	9	3	5	4	1
9	7	1	2	5	4	8	6	3
4	5	3	6	1	8	9	7	2

Score: _____

173 SUPER-DIFFICULT

1	2	9	5	7	4	8	3	6
5	3	8	1	9	6	7	2	4
7	6	4	8	2	3	5	1	9
2	7	6	4	1	8	3	9	5
3	4	1	9	5	7	2	6	8
9	8	5	3	6	2	1	4	7
4	1	3	6	8	5	9	7	2
8	9	2	7	4	1	6	5	3
6	5	7	2	3	9	4	8	1

Score: _____

174 SUPER-DIFFICULT

3	7	2	5	1	8	4	9	6
8	5	4	9	6	3	2	1	7
6	9	1	2	7	4	3	8	5
4	3	8	1	5	9	7	6	2
7	6	5	4	8	2	9	3	1
1	2	9	6	3	7	5	4	8
2	1	6	3	4	5	8	7	9
5	4	7	8	9	6	1	2	3
9	8	3	7	2	1	6	5	4

Score: _____